東方語言學

EASTLING

第二十四辑

《东方语言学》编委会

上海师范大学语言研究所

上海教育出版社
SHANGHAI EDUCATIONAL
PUBLISHING HOUSE

目 录

"无非"的主观小量表达研究
——兼论"无非＋是＋NP/VP"结构分析 *

南京大学文学院　　白新杰

内容提要　本文以现代汉语真实口语材料为基础,主要考察语气副词"无非",对"无非"的话语分布类型进行全面描写,指出它是一个主观小量标记,具有表达主观情态与主观小量义两种不同的语用功能。"无非"在现代汉语中还有表判定义的用法,是一种主观小量标记。"无非＋是＋NP/VP"的句子构成主观判断句。本文主要描写、分析了"无非"的主观情态表达和主观小量用法。在此基础上,本文提出:"无非"作为主观小量标记,其语义和情态辖域是其后的整个句子,主要用于其后 NP 或 VP 成分的主观小量评价,并对"无非"一词的词汇化和语法化历程进行阐释。

关键词　无非;主观小量;情态;判定;语用功能

1. 引　　言

现代汉语里,"无非"作为语气副词经常出现在各种语言情景中,表达说话人对某一已然行为或事件的主观小量评价。"无非"一词表主观小量义与"无非"的词汇概念相关,《现代汉语词典》(第七版)将"无非"一词解释为:只;不外乎,多指把事情往小里或轻里说。其词汇概念自身就包含主观小量义。作为主观情态标记的"无非"具有语气副词的属性特征,它为听话人的话语理解提供了有效的指引,使听话人获得说话人的主观情态表达;作为主观小量标记的"无非",为听话人对实际语言信息提供了线索,使听话人获得主观小量的语言信息。而不管是"无非＋数量结构"还是"无非＋非数量结构",其后附的成分在句法上都受副词"无非"的管控,表主观小量义。此外,主观小量副词"无非"还经常与"只""而已""罢了"等表示主观小量的词语合用,增强主观小量义的表达。本文将从主观情态、主观量的角度出发,对语气副词"无非"进行深入、细致的研究。

2. 语气副词"无非"的主观小量义分析及验证

"无非"能够表达主观小量,下面将对其表主观小量加以证明。首先通过"添加法"对其进行证明,看下面几个例句:

(1) a. 小张是一个刚毕业的研究生。

　　b. 小张无非是一个刚毕业的研究生。

---

　*　基金项目:国家社会科学基金项目"汉语语法机制的系统研究"(19BYY028)。

上述例(1a)中,说话人只是在陈述客观事实,没有明显的主观评价。(1b)中添加了"无非",包含了说话人的一种主观评价,认为"一个刚毕业的研究生"阅历少、资历浅,有往小量说的意思。因此,"无非"具有表主观小量的用法。再用"删除法"来证明下面例句:

(2) a. 从院子到大门无非七八步远。

　　b. 从院子到大门七八步远。

上述例(2a)中,有"无非",包含了说话人的一种主观评价,认为"七八步"距离很近,有往小量说的意思;而(2b)则只是在陈述客观事实,认为"七八步"是一个客观数量,表示一个客观陈述,没有明显的主观评价义。因此,"无非"同样具有表达主观小量的用法。

从主观小量义的产生来源来说,李宇明(2000:45)根据主观量产生的根源,将主观量分为四类,即"异态型主观量、直赋型主观量、夸张型主观量和感染型主观量"。以李宇明的分类方法为指导,"无非 + XP"所表示的主观小量属于直赋型主观量。直赋型主观量指某些主观量是由一些词语、格式等直接赋予的。"无非 + XP"是通过常项"无非"赋予变项"XP"以主观小量义,同时还附有说话人轻视、不屑的主观态度。例如:

(3) a. 今天到场的无非三四十个人。

　　b. 今天到场的三四十个人。

上述例(3a)中的"三四十个人"表示今天到场的人数,是一个客观量,但在其进入到"无非 + XP"构式结构之后,就带有了言者的主观小量评价,同时还附有言者轻视的主观态度。通过对比例(3a)和例(3b),可以看出,虽然两个例句表示的客观量相同,都是"三四十个人",但例句(3a)却具有明显的主观性,表达了言者的主观小量评价。

如果说上述例句中的客观量"三四十个人"在客观层面上本就具有小量义的量性特征,可能影响得出"无非 XP"构式结构表主观小量的结论,不妨将"无非 + XP"构式结构中的变项"XP"设定为客观大量来进行验证。例如:

(4) a. 每天来参观的人次无非两万多。

　　b. 每天来参观的人次两万多。

上述例句中的"两万多"是表示每天来参观的人次,与例(4a)中的"三四十个人"相比在逻辑上是客观大量,但当其进入到"无非是 + XP"构式结构之中,充当构式的变项 XP 成分,这一客观量就表示言者主观层面上的小量,即言者主观上认为"每天来参观的人次两万多"不算多。而上述例(4b)中的"两万多"仅是一种客观量的表达,没有主观量大小的倾向。因此,可以说"无非 XP"构式结构赋予了变项成分 XP 主观小量义,表达了言者轻视、不屑的主观感情色彩。由此可证:"无非 XP"格式表示主观小量,这种主观小量义是由"无非"一词直接赋予的。本来表示客观量的变项成分"XP",不管客观量的大小,在进入这一格式之后都表示主观小量义,带上了说话人的主观色彩。

3. "无非"表主观小量义的主要表现形式分析

"无非"表达主观小量义,其句法格式主要有"无非 + 数量结构"和"无非 + 非数量结构"两种。先来看"无非 + 数量结构"。

3.1 "无非"＋数量结构

这里谈的"数量结构"的表现形式主要有："数词＋量词＋名词"，如"无非一顿饭的工夫""无非十七八岁"；"动词＋数词＋量词（＋名词）"，如"无非花费三四千块钱""无非耽搁了几天"。

上文在第二部分中已经提及"无非＋数量结构"的常用形式，这里不多做赘述，仅看两个例句：

（5）从项目正式开始到现在，无非过去了两三周的时间。

（6）无非一个礼拜的时间，要尽力做好。

上述这些例句都可以用"有无比较法"对其进行分析，能够看出"无非＋数量结构"有表达主观小量的用法。

3.2 "无非"＋非数量结构

"无非"的词汇概念中蕴含着限制范围的意义，可以表示数量少。当使用"无非"＋"非数量结构"时，其仍蕴含有表示小量的语义特征。例如：

（7）a. 他会的就是技术。

　　　b. 他会的无非就是技术。

（8）a. 那无非是一种变相的信息诈骗罢了。

　　　b. 那是一种变相的信息诈骗罢了。

运用"添加法"来分析这两组例句，例（7a）只是在陈述一个客观事实，不包含说话人对他掌握的"技术"的量级的主观评价；而例（7b）中添加了"无非"，表达了说话人的主观评价，即说话人认为他只会"技术"，所拥有的技能量级较低，有往小量说的意思。因此，"无非"具有表达主观小量的用法。上述例（8a）中有"无非"，包含说话人的主观评价，句子的核心成分为"无非是一种变相的信息诈骗"，说话者认为"变相的信息诈骗"量级较低，是个小量；而（8b）则也可以表主观小量，这是由"罢了"这一句末语气词造成的。但为了更好地研究"无非"的主观量用法，对例句进行进一步调整：

（9）c. 那无非是一种变相的信息诈骗。

　　　d. 那是一种变相的信息诈骗。

（9c）中有"无非"，包含说话人的主观评价，认为"变相的信息诈骗"是个主观小量，同时还蕴含了说话人不屑的主观情感；而（9d）只是一个客观事实，没有对"变相的信息诈骗"的量级进行评价。由此证明，"无非"能够表达主观小量。上面分别用"添加法"和"删除法"证明了"无非＋非数量结构"这一句法格式。其中，"非数量结构"的表现形式可以是名词或名词性短语，也可以是动词或动词性短语。像这样的例句还有：

（10）这无非是一种习惯。

（11）这些符号无非是一串杂乱的字母的组合，并不具有什么特殊的意义。

4. 副词"无非"的搭配成分与句法位置分析

4.1 副词"无非"的搭配成分分析

"无非"具有把事情、情况往小里、轻里说的口气。当其用于语言表达中，表示说话人对量的判断时,表示主观小量义,同时还表达了说话人对表述对象贬抑的主观态度。从而起到弱化听话者期待、降低听话者对事件情况的评价的功能。从词性上看,"无非"后成分可以分为体词性成分和谓词性成分。在 CCL 语料库中共检索到 3 428 例关于"无非"的例句,其中不重复实例 3 218 例,其中与体词性成分组合的有 119 例,约占 4%,与谓词性成分组合的有 640 例,约占 20%,与"是 + NP/VP/AP"组合的有 2 459 例,约占 76%。其中,"无非"一词后附的体词性成分可以是词(仅限于名词),也可以是短语,其中包括联合式短语、定中短语、数量短语、同位短语。例如:

1. 词,仅限于名词。

"无非"后接单个名词的用法较少,在 3 218 个不重复实例中仅见 6 例。例如:

(12) 这次选课我不愿意选英语,也不想选法语,语言学习无非记忆。

上述例(12)中,"无非"后为单个名词,表示言者对"语言学习"的性质的主观认定。

2. 短语,包括联合短语、定中短语、数量短语、同位短语。例如:

(13) 目之所及之处,无非亭台楼阁,名寺古刹,与之前游历之处无不相同。

(14) 不管是文化还是艺术,都无非是主观意识的产物,蕴含着创造者的主观意念。

(15) 搞好国有企业,无非两条:外部改善环境,内部加强管理。

(16) 群众关心的无非"衣、食、住、行"这四件事。

上述例(13)中,"无非"后为联合短语,表示对前述情况进行总结概括,表达所看到的"景致单一"。上述例(14)中,"无非"后为定中短语,为言者用"无非"小句对前述事物性质的主观认定。上述例(15)中,"无非"后为数量短语。在与数量短语组合时,"无非"只能与数量短语组合,不能直接与数词组合,例句(15)中,"无非"与数量名短语组合,对"搞好国有企业"的方法进行了总结概括。上述例(16)是同位短语。"无非"与同位短语组合,同样是对前述情况进行总结概括,认为群众关心的事为"少量"。

"无非"后的谓词性成分能够由词(主要是代词、形容词)充当,也能够由短语(主要是联合短语、动宾短语、主谓短语、兼语短语、状中短语)充当。

1. 词,包括代词、形容词。例如:

(17) 从当前事情的进展情况来看,事情最后的结果无非如此!

(18) 粗浅的看法无非粗浅而已。

上述例(17)中,"无非"可以并且只能直接与谓词性代词"如此"组合,表达言者通过"无非"句对"事情最后的结果"的主观认定。例(18)中,"无非"后为形容词,表示对"看法"性质进行主观认定。

2. 短语,包括联合短语、动宾短语、主谓短语、兼语短语、状中短语。例如:

(19) 人活一辈子,无非穿衣、吃饭、工作、繁殖几件事。

(20) 人参是一种名贵药材,但百姓对其使用方法无非泡酒、煮汤、熬药。

(21) 之前我以为,这个著名蜡像馆中无非会陈设一些明星,或者娱乐名人。

(22) 你可能梦到带翅的马,但是那无非因为你见过带翅的马。

(23) 广告都说自家好,无非叫人掏腰包。

(24) 炒菜也没什么难的,无非把油烧热了放上菜再翻几下炒熟就行了。

上述例句(19)中,"无非"之后为谓词性联合短语,"无非"在这里表示言者对人"一辈子"的总结概括,表达言者对"一辈子"的主观小量评述。上述例(20)后为谓词性联合短语,表示对"过去的利用方法"进行进一步解释,表达言者对过去利用"人参"方法的较为单一,仍表示主观小量评价。上述例(21)中,"无非"后为动宾短语,"无非"与动宾短语组合,表达说话人对蜡像馆中刻画的人物的主观认定,认为蜡像馆中所列人物单一、重复。上述例(22)中,"无非"后为主谓短语。"无非"与主谓短语组合,表示言者对"梦到带翅的马"进行解释。上述例(23)中,"无非"后是兼语短语,表示言者对前述情况目的做出主观判断,并附有说话人的贬低色彩。上述例(24)是状中短语,"无非"与状中短语组合,同样是对前述情况进行解释说明。

3."无非"与"是+NP/VP/AP"组合。

"无非"还经常与"是"搭配使用,形成"无非+是+NP/VP/AP"结构。"无非"与"是+NP/VP/AP"组合,使用较为普遍。通过语料分析与"无非"后接成分的考察中,"无非+是+NP/VP/AP"的用法有 2 495 例,占搜集语料的 76%,"无非是+NP/VP/AP"已经成为常用用法。例如:

(25) 得不到的总是好的,娶了红玫瑰,时间久了,也无非是墙上的蚊子血。

(26) 他无非是为了没让他出国读书,心里憋着气。

(27) 小李无非有点漂亮而已,又不是特别漂亮。

上述例(25)中,"是"后为定中短语,例(26)中,"是"后为动宾短语,例(27)中,"是"后为状中短语。

1)"无非+是+NP"中"是"的性质分析

"无非+是+NP"中的"是"一般不可删除,"是"在这里为判断动词,在句子中做谓语。如:

(28) 以德报怨,最后的结果无非是让坏人更加嚣张。

→ * 以德报怨,最后的结果无非让坏人更加嚣张。

(29) 她无非是这场意外中的受害者,不该受到如此冷酷的对待。

→ * 她无非这场意外中的受害者,不该承受如此冷酷的对待。

上述例(28)、例(29)中,原句删除"是"后,句子不成立。

2)"无非+是+VP/AP"中"是"的性质分析

"无非+是+VP/AP"结构中,位于动词性成分前的"是"为强调性成分,可以删除。如:

(30) 他如此信誓旦旦地这样说,无非是想证明自己的清白。

→他如此信誓旦旦地这样说,无非想证明自己的清白。

(31) 说是知识渊博,其实无非是多看了几本书而已。

→说是知识渊博,其实无非多看了几本书而已。

上述例(30)、例(31)中的"是"即使删除后对句子成立无影响,且语义不变。

"无非+是+AP/VP"中的"是"虚化为加词性成分与其所在的句法环境有密切联系:一方面,"是"与"无非"连用的高使用频率使得"无非"与"是"的联系越来越紧密,当"无非是"同现时,句子重音自然地落在"无非、不过"上,"是"读音弱化。另一方面,随着"无非"与谓词性成分的结合频率越来越高,而 VP 与 AP 本身具有很强的作谓语的功能,导致"是"的判断动词用法削弱,逐渐虚化为加词性成分,表示强调,因此,"是"可以删除。

4.2　副词"无非"的句法位置分析

"无非"在句子中的位置有两种情况:一是位于小句句中;二是位于小句句首。通过对

CCL 语料库中进行穷尽式检索,得到"无非"的语料 3 218 例,其中位于句中、句首的分别为 1703 例(53%)与 1515 例(47%)。总体看出:"无非"在句中以及句首的概率相差不大。

1. 位于小句句中

"无非"用于小句句中,主语之后,这些小句可以是单句,也可是分句,"无非"连接前后两个语法成分。如:

(32)他所要的无非一切如常。

(33)即使他做了错事母亲也不会说什么,无非骂他两句了事。

上述例(32)中,"无非"位于单句句中,主语之后,表达了说话人的主观判断,把"他所要的"往轻里说;例(33),"无非"位于分句句中,主语之后,同样表示说话人的主观判断,把"他做了错事"的后果往轻里说。

2. 位于小句句首

"无非"用于小句句首的情况较多,其既可以用于是设问句的答句、复句中的后分句,也可以是单独的单句。例如:

(34)事实是什么? 无非是现有的胜利者对过去的书写和辩驳。

(35)他所谓的个人展示也没什么,无非是介绍一下自己,说一下自己的经历而已,虽然那经历并没有什么值得称赞的地方。

(36)这个原本贫穷的小山村能够发生如此大的变化,吸引如此多的企业注入。无非是修通了路,把大山与外面的世界连了起来。

上述例(34)中,"无非"位于设问句的答句句首,说话人自问自答,构成完整语义,表达言者对"事实"的主观小量评价。例(35)中,"无非"用于后分句句首,表达言者对前述"个人展示"情况的主观小量评价,并附有言者明显的主观贬低色彩。例(36)中,"无非"直接用于独立的单句句首,"无非"小句解释"这个原本贫穷的小山村能够发生如此大的变化"的原因。

5."无非"的叠加同现成分分析

通过对 CCL 语料库 3 218 条语料的检索分析得出:"无非"常与限定副词"不过""只是""就"等副词共现,形成"无非 +(不过/只是/只能/只有/就)+ NP/VP"结构,协同表达了主观小量义。例如:

(37)无非不过三五年的时间,小镇便发生了翻天覆地的变化。

(38)今年公司的交易总额无非只有五百万,相比上一年少了一半。

上述例(37)(38)中"无非""不过""只有"都表示主观小量,共同作状语,属于主观小量表达形式的叠加,协同表达主观小量义。

除了"不过""只是"等限定副词,"无非"的前加副词成分还有以下几种:

第一,揣测类语气副词"也许""大概"。

揣测类语气副词"也许、大概"位于"无非"前,表示说话人不确定的主观判断。如:

(39)他所书写的这个故事也许无非是个人经历的一种曲折表达。

上述例(39)中,表示揣测语气副词"也许"位于"无非"前,增加了话语的委婉性,加强了说话人的不确定语气。

第二,表示强调、肯定的语气副词"就"。

表示强调、肯定的语气词"就"位于"无非"前,加强句子肯定语气,增强了说话人的主观确定性。如:

(40) 所谓"公事公办"就无非是他不愿帮忙的借口。

上述例(40)中,"就"位于"无非"前,增强了句子语气。

第三,频率副词"又""也"。

频率副词"又""也"位于"无非"前,表示前文提到的情况也适用于"无非"的判断对象。如:

(41) 她仅仅上过初中,所学的知识又无非是一些基本知识。

(42) 他即使是债台高筑,也无非要将自己的脸面撑起来。

上述例(41)中,"又"位于"无非"前,表示"她仅上过初中",所学知识较为基础;例(42),"也"位于"无非"前,表示"他即使是债台高筑"同样会发生从"将自己的脸面撑起来"的情况。

第四,范围副词"都"。

范围副词"都"位于"无非"前,对前述情况进行总结概括。如:

(43) 如果你仔细观察,就会发现:任何一个明星,都无非是具有一些显著的优势特征的人。

例(43),"都"位于"无非"前,表示对所有"明星"的主观评价。

第五,多项副词共现。

频率副词、语气副词可以同现于"无非"前,在"无非"小句中作状语。如:

(44) 倘若杜甫没有处在社会动荡,百姓流离失所的社会环境中,而是处在盛世,他所写出的诗也就无非是对盛世天下太平的歌颂与赞扬而已。

上述例句中,频率副词"也"与表示强调的语气副词"就"共现,位于"无非"前。三者的顺序为:频率副词>语气副词>无非。

通过语料分析发现,"无非"还经常与句末语气词"呢""吧""罢了""而已"搭配使用。其中,在与"呢""吧"搭配使用时,表达说话者对主观判断不十分确定的态度,使得语气更为和缓、委婉,具有缓和句子语气的作用,一般是用在陈述句中。"无非"在与表"仅此而已"的句末语气词"罢了""而已"连用时,也是用于陈述句,表达把事情往小里、轻里说的意味,主要表主观小量评价,加强说话人的贬抑态度。例如:

(45) 他原本还以为这次会面无非是一次偶遇呢。

(46) 他反复提及过去,无非是在解释这次失误吧。

上述例(45)中,语气词"呢"用于句尾使句子更加完整,同时使句子语气活泼、生动;例(46)中,"无非"所在小句表达对"他反复提及过去"的判定,用"吧"缓和肯定语气,使得语气更加委婉。又如:

(47) 旅游无非是上车睡觉、下车拍照罢了。

(48) 对很多人来说工作无非是一种生存手段而已。

例(47)中,"无非"与"罢了"搭配使用,一起表达说话人把"旅游"的内容往轻里说的意味;例(48),"无非"与"而已"搭配使用,表达"工作""对很多人"来说并无更大意义的含义,表达了言者对"工作"的主观小量评价。

综上,"无非"前可以出现揣测类语气副词"也许""大概";表确定、强调语气副词"就";频率副词"又、也";范围副词"都"。不同的副词在"无非"小句中都作状语,但意义不同。

"无非"后可以与"罢了""而已"搭配使用,表达把事情往小里、轻里说的意味,加强说话人的贬抑态度。

6. 副词"无非"的演进化过程——主观化、词汇化与语法化

现代汉语普通话中"无非"是以表情态为主的语气副词,表达"把事情往小里、轻里说"的功能。从来源上讲,副词"无非"是由表示双重否定的跨层结构"无非"语法化而来。其语法化过程无非是一个主观化过程(金颖:2009)。其最初并不表主观小量义,而是在漫长的发展历程中逐渐衍生出来的。唐宋时期"无非"后出现大量谓词性成分,形成表示总括副词"无非",元明时期,以表情态为主的语气副词"无非"开始出现并广泛运用。其详细的演进历程如下:

在上古汉语中,"无"与"非"最早连用出现在周代的《诗经》中,即:

(49)无非无仪,唯酒食是议。(《诗经·小雅·鸿雁之什·斯干》)

但这里"非"并不是表否定的"非"而是通"匪",表示"文章貌",因此这里"无非"指的是"没有文采"。

"无"与表否定的"非"最早连用出现在春秋时期,如:

(50)其余无非谷土,民无悬耜,野无奥草。(《国语·周语中》)

这里的"非"表示对判断的否定,其后接名词性成分"谷土",而"无"则表示对"非谷土"这一存在的否定。

先秦时期的"无非"连用构成双重否定,可译为"无一不是""没有不是"。如:

(51)伯乐学相马,所见无非马者,诚乎马也。(《吕氏春秋·季秋纪第九·精通》)

通过上文的分析可以看出:上古汉语时期的"无非"连用,其后主要接体词性成分,而这与"非"的用法有关。上古汉语时期,"非"常与名词性成分构成谓语,表示否认所举对象属于某一事类的范围,从而构成否定式判断句。上古汉语中,"无非"表示"没有不是",语义上表达对先行词的逐一排除,客观上起到了"总括"作用。在这里称其为"无非¹"。句法上,上古"无非"中的"无"和"非"的分界明显,"无"的语义指向出现或隐含的先行词,表示在特定范围中"没有什么"或"没有谁"。"非"则是具有一定判断功能的副词,其后大多为体词性成分。

中古系词"是"的出现及其广泛运用是导致"无非¹"结构分界模糊化的关键动因。随着魏晋时期系词"是"的广泛运用,"无非是"开始出现,"无"和"非"的紧凑性加强。对于"无非是"而言,"是"的出现使得"非"与后面宾语隔开,"非"和"无"的紧密性加强。

总括副词"无非"大概出现在晚唐五代,它们大量出现于各类谓词性成分前,表示对某种范围的总括,我们称为"无非²"。与"无非¹"相比,"无非²"中的"无"和"非"的可分析性低,结构更加紧凑。此外,语义层面上,与"无非¹"相比,"无非²"的意义更加虚化。这主要是由于句法特征的变化导致量化功能逐渐弱化,表主观情态的功能逐渐增强,这同时也是一个主观化过程。到了宋代,"无非²"前的量化对象逐渐多元化,许多复数特征或"某一范围"的概念并不明显,这直接致使"无非²"的总括性特性逐渐模糊化,并朝着更为模糊化的过程演进。同时,"无非"开始修饰谓语主语或话题,其总括功能减弱,表情功能逐渐增加。

元代开始,在许多口语化程度较高的文献中,"无非"被频繁地使用,表示轻量化语气,主观色彩愈发强烈。此时,"无非"所修饰谓语的主语或话题开始具有唯一性或排他性特征。这是"无非"主观化进程深入的结果,使得"无非"一词主观性更强,更容易表达言者的主观情态,

从而在语言表达中形成移情效应。受"主观化"和"词汇化"的影响,其原有的单纯表示总括的意义特征消失,转而带上了往小里说、轻里说的语气,我们称之为"无非³"。这种单一、抽象的概念表达使"无非"完全没有总括的必要,仅表达言者"不以为然"或"不屑一顾"的主观情态。此时,"无非"不再表示总括性否定,而是表达说话人的一种轻量化的主观情感、态度与语气,从而使"无非"发展出语气副词的用法。

早期"无非³"的这种概念义表达多出现于口语性较强的元杂剧中。这与元杂剧自身的语言模式、发生情景有关。这样的语言环境更适合言者表达自身的主观情态与立场态度。将"无非²"与"无非³"进行比较,"无非²"虽然总括义较弱,但其仍带有明显的总结意味,且只是陈述客观事实,语气笃定。而"无非³"则主要表达说话人的主观猜测,并非既成事实,听话人有可能持有不同的观点。

明代以后,语气副词"无非³"在白话小说中大量使用,表示总括义的"无非²"几乎看不到了。此外,明代的"无非³"还经常与和表总括的副词"都"共现使用。

综上,词汇化和语法化是语言演变的重要方式。通过以上分析,可以看出,副词"无非"经历了一个从客观意义到主观意义的过程。"无非"由最初的跨层结构词汇化为表总括的否定副词,而后受主观化影响,进一步语法化为语气副词"无非",其词汇化、语法化路径明显。在现代汉语中,"无非"的主观化程度较高,在句中一般用于主语之后谓语之前,或用于承前省略主语的小句之前,但有时也用于主语之前。从语义辖域的角度来说,语义辖域越大的语言成分,其句法位置越靠前,主观化程度越高的语言成分其句法位置就越靠前(罗荣华、刘英2015)。"无非"在句中一般用于主语之后谓语之前,或用于承前省略主语的小句之前。因此,"无非"是个语义辖域大、主观化程度高的表上限的估测类副词,在其主观化过程中,其逐渐演变为主观小量标记。

7. 结　语

本文的研究对象"无非"是主观情态标记与主观小量语气副词,"无非 + 是 + NP/VP"的表达形式传达了一种主观判定小量义,利用会话含义表达了说话人的主观小量评价。本文澄清了"无非 + 是 + NP/VP"构式的主观小量表达现象,主观小量评价是该结构解读的关键节点。对本文而言,"无非 + 是 + NP/VP"主要是主观情态的传递,语气副词"无非"引导听话人对该句说话人主观情态表达进行正确解读。主观小量语气副词"无非"还具有主观情态表达的语用功能。在此基础上,本文提出:"无非"作为主观小量标记,其语义和情态辖域是其后的整个句子,主要用于其后 NP 或 VP 成分的主观小量评价,并对"无非"一词的词汇化和语法化历程进行阐释。

参考文献

李宇明.汉语量范畴研究[M].武汉:华中师范大学出版社,2000.
罗荣华,刘英."无非"的词汇化与主观量[J].泰山学院学报,2015(1).
金　颖.副词"无非"的形成和发展[J].古汉语研究,2009(1).

从行、知、言三域看肥城方言的"了₂"

广西大学　李思过

内容提要　"行、知、言"三域为刻画虚词的意义和功能提供了一个很实用的框架。本文在预调查的基础上,借鉴三域框架,对山东肥城方言"了₂"的用法进行分析。不仅细致描写了这一方言"了₂"的语音面貌,还对"了₂"各种形式的意义和功能做了充分的探讨,并揭示出"了₂"在肥城话和北京话中的差异。

关键词　肥城方言;了₂;行域;知域;言域

1. 引　　言

肥城市位于山东中部、泰山西麓,由泰安市代管。根据《中国语言地图集(第 2 版)》(2012:47),肥城方言属冀鲁官话石济片聊泰小片。

汉语句尾语气词"了"(即一般所说的"了₂")的意义和功能十分复杂,对"了₂"进行语义描写也是十分困难的。而北京话的句尾语气词"了"只有一种语音形式[lə],"了₂"各种用法的差异不能从语音形式上体现出来。与北京话不同的是,肥城话的"了"有着复杂的语音形式,不同语音形式对应着不同的意义和功能,这就为"了₂"的语义刻画提供了便利。高晓虹(2010)考察过"了"在山东各地方言中的对应形式,但她的研究主要侧重于山东方言"了"的语音描写、历时演变和语流音变,并未对"了"的意义和用法做深入细致的分析。而且高晓虹(2010)对肥城方言"了₂"的语音描写不准确,这一点下文还会提到。肖治野、沈家煊(2009)提出用"行、知、言"三域将"了₂"的语义刻画为表示"新行态的出现""新知态的出现"和"新言态的出现",这给句尾语气词"了₂"的语义描写提供了一个很实用的框架。他们的研究成果给了笔者很大的启发,本文试图引入"行、知、言"三域框架,结合肥城方言"了₂"语音形式多样化这一特点,主要分析肥城方言"了₂"的意义和功能,同时兼论"了₁"。

本文的语料来自笔者的调查。我们选取了肥城城区和北部几个乡镇作为调查点,发音人都是土生土长的肥城人,会说地道的肥城话,年龄均在 50 岁以上,自幼从未离开过家乡。由于研究对象是肥城方言的"了",笔者结合作为母语者的经验,根据"了"的使用情况拟定了一些调查例句,通过现场听音记音的方式获取语料,并设计了一些特殊的语境,作为参与人向发音人询问相关问题。以下是发音人的基本信息:刁某,男,63 岁,家住老城街道,高中学历,政府工作人员;金某,女,52 岁,家住新城街道,大学本科学历,医生;张某,女,58 岁,家住潮泉镇,初中学历,务农;邹某,男,60 岁,家住王瓜店街道,初中学历,农民工;李某,男,56 岁,家住石横镇,初中学历,经商。

2. 肥城方言"了"的语音形式

2.1 "了₁"的语音形式

和北京话中的"了₁"一样,肥城方言"了₁"也是动态助词,而且只出现在动词后、宾语或补语前,语法意义可概括为表动作的完成或实现。由于位置固定,语法功能也比较单一,肥城方言的"了₁"只有一种读音[lə]。例如:

(1) 小王吃了₁[lə]个苹果,觉得还挺好吃哩。("了₁"位于动词后名词宾语前)

(2) 我又把书看了₁[lə]一遍,还是看不懂。("了₁"位于动词后数量宾语前)

2.2 "了₂"的语音形式

与"了₁"相比,"了₂"的意义和功能更为复杂,在肥城方言中,"了₂"的语音形式也更为多样。首先,肥城方言的"了₂"不一定和"了₁"同形,即不一定读[lə]。其次,正如高晓虹(2010)所言,"了₂"的语音形式可以看作是"了+语气词"的合音。据笔者调查,肥城方言的"了₂"有五种读音:

① 了₂[lia]

(3) 我听说他儿考上大学了₂[lia]。

(4) 外边儿下雨了₂[lia],赶紧屋来。

以上两例中的"了₂",按吕叔湘(1999:352)的解释,可将其功能理解为肯定事态出现了变化。

(5) 俺儿都上了₁[lə]一年学了₂[lia]。

(6) 他来了₁[lə]好几天了₂[lia]。

从以上两例可以看出,肥城方言的"了₁"和"了₂"出现在同一个句子中时,语音形式是有区别的。

(7) 你别说了₂[lia],我都知道了。

(8) 别来了₂[lia],明天可能下雨。

以上两例中的"了₂"都出现在"别 VP"之后,句子表示对正在进行或将要发生的动作行为加以劝阻。

读音为[lia]的"了₂"可以看作是"了[lə]"和"呀[ia]"的合音。对于上述情况中的"了₂",高晓虹(2010)将其音值表示为[la],是不准确的。

② 了₂[lɛ]

(9) 他上北京了₂[lɛ]。

(10) 他骂我了₂[lɛ]。

读音为[lɛ]的"了₂"可以看作是"了[lə]"和"哎[ɛ]"的合音。

③ 了₂[liɑŋ]

(11) 妈,我走了₂[liɑŋ],下午再回来。

(12) 上课了₂[liɑŋ],赶紧回教室。

读音为[liɑŋ]的"了₂"可以看作是"了[lə]"和[ɑŋ]"的合音。

④ 了₂[lə]

肥城话中的"了₂"有时和"了₁"读音相同,都读[lə],例如:

(13) 把那个苹果吃了₂[lə],再不吃就坏了。

(14) 把东西收拾好了₂[lə],咱这就走。

以上两例中的"了₂"都是用于"把"字句中。

(15) 把钱放好,别掉了₂[lə]。

(16) 慢着点,别摔着了₂[lə]。

以上两例中的"了₂"也是用于"别VP"之后,但这两例和前面所举的"别说了""别来了"等句子有明显的区别,我们之后还会详细讨论。

读音为[lə]的"了₂"可以看作是"了[lə]"和"哦[o]"的合音。

⑤ 了₂[liə]

(17) 来电了₂[liə]! 能看动画片了。

(18) 放假了₂[liə]! 明天出去玩去。

读音为[liə]的"了₂"可以看作是"了[lə]"和"哟[iə]"的合音。

3. 言域的"了₂"

按照肖治野、沈家煊(2009)的定义,属于言域的"了₂"表示"新言态的出现"。肥城方言中属于言域的"了₂"有[lia]、[lɛ]、[liaŋ]、[lə]四种语音形式,分别表示不同的言语行为。下面对不同语音形式的"了₂"所表示的言域义逐一进行分析。

① 了₂[lia]

读音为[lia]的"了₂"可能属于行、知、言三域中的任何一个,属于行域的情况最常见,上举例(3)到例(6)中的"了₂"都是属于行域的。像例(7)和例(8)中这样位于"别VP"之后的"了₂"则是属于言域的,这两例中的"别VP了₂"表示对正在进行或将要发生的动作行为进行劝阻。将"别"去掉转化成肯定形式,例如:

(19) 他来了吗? 来了₂[lia]。

(20) 老师给你说了吗? 说了₂[lia]。

"别来了"和"来了","别说了"和"说了"中"了₂"的读音相同,都是[lia],但所属的域不同。"别VP了₂"表示劝阻的言语行为,其中的"了₂"属于言域;"VP了₂"仅仅是陈述已发生的客观事件,其中的"了₂"则属于行域。

② 了₂[lɛ]

从前面所举的例(9)和例(10)来看,读音为[lɛ]的"了₂"和例(3)到(6)中读音为[lia]的"了₂"在用法上似乎没有什么不同,都可以表示事态出现了变化。例(9)中"了₂"的读音也可以是[lia]:

(21) 他上北京了₂[lia]。

将例(9)和例(21)进行比较,就会发现,例(9)只能表示他去过北京并且已经回来了,例(21)只能表示他去了北京但还未回来。不同语音形式的"了₂"功能上的差异导致了两个句子意义的差别。读音为[lia]的"了₂"是属于行域的,例(21)仅仅是单纯地陈述"他去北京"这个客观事实。例(9)则是说话人认为听话人不知道"他去北京"这一事件,将其当作新信息传递给听话人,听话人往往会感觉到出乎意料。因此读音为[lɛ]的"了₂"是属于言域的,例(9)可以理解成:我给你说"他去北京"这一事实。例(9)中的"了₂"有两种读音,但例(10)中的"了₂"只有[lɛ]一种读音。因为"他骂我了"只能表示说话人将已发生的事件说给对方听,不能表示事态出现了变化。而且,"他去北京"这一动作行为是持续性的,可以表示动作行为未完成,也可以表示已完成;"他骂我"这一动作行为是非持续性的,一般不存在已发生但尚未完成的情况。如果例(10)中的"了"读成[lia],会觉得很不自然。

③ 了₂[liaŋ]

前面所举的(11)和例(12)两个例子"我走了""上课了"很明显都表示提醒的言语行为,两个"了₂"自然是属于言域的,读音都是[liaŋ]。"走""上课"之类 VP 后面的"了₂"有时也可以读[lia]:

(22) 他走了₂[lia],等过年再回来。

(23) 上课了₂[lia],就不能随便出去了。

我们来看"了₂"读[lia]和读[liaŋ]时的区别。"了₂"读[lia]时,句子中表示的动作行为已然发生或实现,动词前可加副词"已经",变成"他(已经)走了,等过年再回来""(已经)上课了,就不能随便出去了"。可见,"了₂"读[lia]时,句子表示现实的行为和行状,是对客观事件的陈述,故"了₂"属于行域。"了₂"读[liaŋ]时,句子中表示的动作行为尚未发生,动词前不能加副词"已经"。例(11)和例(12)动词前往往可以加上副词"要""快""马上"等,变成"我(要)走了""(快)上课了"。可见,"了₂"读[liaŋ]时表示某个动作或事件在不久的将来会发生或实现,说话人意在提醒听话人将要出现这种情况,故"了₂"属于言域。

从另一个角度来看,由于北京话的"了₂"只有一种语音形式,"VP 了"有时是存在歧义的。"上课了"既可以指还未上课,也可以指已经上课了。肥城话则完全不存在这种情况,"上课了[liaŋ]"只能指未上课,"上课了[lia]"只能指已经上课了。

④ 了₂[lɔ]

从 2.2 所举的例子来看,像例(13)和例(14)这样没有主语的"把"字句一般都是表命令的祈使句,当"把"字结构之前出现人称主语时,句子变成一般的陈述句。例如"把门关上"是祈使句,而"他把门关上了"则是陈述句。例(13)和例(14)中的"了₂"都是属于言域的,句子表示命令这一言语行为。如果两个例子带上主语,变成下面的句子:

(24) 他把那个苹果吃了₂。

(25) 我把东西收拾好了₂。

相应地,"了₂"的语音形式也会发生变化,不读[lɔ]而读[lia]。例(24)和例(25)是对客观新事态的陈述,其中的"了₂"很明显是属于行域的。

那么,读音为[lɔ]的"了₂"是否只能出现在"把"字句中呢? 如果将例(13)和例(14)这样的"把"字句变成一般的祈使句,如例(26)和例(27):

(26) 吃了₂,再不吃就坏了。

(27) 收拾好了₂,咱这就走。

两句中的"了₂"读音并未发生变化,依然是[lɔ],而且仍是属于言域的,句子表示发出命令。如果"吃了""收拾好了"不是祈使句而是陈述句,如例(28)和例(29):

(28) 你吃饭了吗? 吃了₂。

(29) 东西收拾好了吗? 收拾好了₂。

这两个"了₂"的读音不是[lɔ]而是[lia]，且不属于言域而属于行域，句子表示现实的动作行为。

除了例(13)和例(14)外，例(15)和例(16)中的"了₂"读音也是[lɔ]，"别掉了""别摔着了"是对听话人的提醒，这里的"了₂"也是属于言域的。我们来比较一下例(7)、例(8)和例(15)、例(16)，两组句子都是"别VP了₂"结构。区别在于例(7)和例(8)是对正在进行或将要发生的动作行为加以劝阻，例(15)和例(16)是提出建议以避免消极事件的发生。例(7)和例(8)中的"了₂"读音为[lia]，是属于言域的；例(15)和例(16)中的"了₂"读音为[lɔ]，也是属于言域的。同属言域的两个"了₂"语音形式不同，所表示的言语行为也不同，读音为[lia]的"了₂"表示阻止，读音为[lɔ]的"了₂"表示提醒和建议。

北京话的"了₂"无论属于行域还是言域，都没有语音形式上的区别。肥城话属于行域的"了₂"和属于言域的"了₂"有时是不同形的，同一种形式的"了₂"有时属于不同的概念域，情况是比较复杂的。

肥城方言属于言域的"了₂"主要有四种语音形式[lia]、[lɛ]、[liaŋ]和[lɔ]。前三种"了₂"用法比较单一，读音为[lia]的"了₂"仅仅用于表示劝阻的言语行为，读音为[lɛ]和[liaŋ]的"了₂"仅仅用于表示告知、提醒的言语行为。不过读音为[lɛ]的"了₂"用于表示对已发生事件的告知或提醒，读音为[liaŋ]的"了₂"用于表示对未发生事件的告知或提醒。读音为[lɔ]的"了₂"用法更复杂一些，既可以用于表示命令的言语行为，也可以用于表示提醒、建议的言语行为。

为何"了₂"在用于表示命令和建议的言语行为时语音形式都是[lɔ]呢？其实用于表命令的"了₂"和用于表建议的"了₂"在用法上是有差异的，主要体现在其搭配对象的不同上。用于表命令的"了₂"前的动词所表示的动作行为往往是听话者主观可控的。如"吃了""收拾好了"，听话者可以对"吃"和"收拾"等动作加以控制，可以选择是否听从说话者的命令，从而使动作行为或事件实现与否。相反，用于表建议的"了₂"前的动词所表示的动作行为往往不是听话者主观可控的。如"别掉了""别摔着了"，这些动作行为的实现与否不是听话者所能控制的，听话者只能通过自己的努力尽量避免负面结果的发生。两种"了₂"搭配对象差异明显，用法也不同，但具有相同的语音形式，主要是因为"了₂"无论用于表命令还是表建议，都表达了说话者积极、正面的主观愿望。例(26)中说话人发出"吃了"的命令是为了防止食物坏掉，例(27)中说话人发出"收拾好了"的命令是为了早点出发上路。例(15)说话者提出建议是为了避免钱丢失，例(16)说话者是为了避免摔倒，其中的积极意味更是显而易见。因此言域的"了₂"语音形式和说话者的主观意愿有着很深的联系。

4. 行域的"了₂"

按照肖治野、沈家煊(2009)的定义，行域的"了₂"表示"新行态的出现"。肥城方言中属于行域的"了₂"有[lia]、[lɔ]、[liə]三种语音形式。

例(3)到例(6)叙述现实的动作行为或事件，其中的"了₂"读音为[lia]，很明显是属于行域的，[lia]在上述三种语音形式中也是最常见的。属于行域的"了₂"读音也可以是[lɔ]，例如：

(30) 他来了₂[lɔ]，咱就开始干活。

(31) 钱没有了₂[lɔ]，日子就不好过了。

例(30)和例(31)都是对客观事件的陈述，其中的"了₂"同样是属于行域的，但和例(3)到例

(6)中同属行域的"了₂"读音不同。原因在于例(3)到例(6)中的动作行为或事件是已然的,例(30)和例(31)中的动作行为或事件则是未然的,是说话人假定或预测将要发生的,句子前可加"如果""要是"等连词。上文提到,属于言域的"了₂"读音也可能是[lə],如例(13)到例(16),其中的动作行为或事件"吃""收拾好""掉""摔着"等也是未然的。可见读音为[lə]的"了₂"有一个最大的特点,那就是表示动作行为或事件的未然性。

"了₂"除了已分析过的四种读音外,还有一种读音[liə],如例(17)和例(18)。读音为[liə]的"了₂"是属于行域的,例(17)和例(18)是对客观事件的陈述。例(3)到例(6)中读音为[lia]的"了₂"和读音为[liə]的"了₂"都是属于行域的,但两者的功能是有差异的。"来电了""放假了"中的"了₂"读作[lia]时说话人的情感是比较中性的,语气较为平和,句子仅仅表示陈述。但如果像例(17)和例(18)那样读作[liə],则句子体现了说话人强烈的主观情感,更能表达出说话者兴奋喜悦的心情。如果句子表达的情感是消极的,如"坏事了""完了"等,"了₂"只能读[lia]不能读[liə]。可见,行域中读[lia]的"了₂"只能出现在叙述中性或消极事件的句子中,读[liə]的"了₂"只能出现在叙述积极事件的句子中。

顺便再提一下"了₁"。例(1)和例(2)是对客观事件的陈述,其中的"了₁"表示动作行为的完成,属于行域。肥城话中的"了₁"只有一种读音[lə],而"了₂"有时也读[lə],如例(25)和例(26),读音为[lə]的"了₂"是属于言域的。为何"了₁"和"了₂"属于不同的域但读音可能相同呢?原因在于像例(25)和例(26)这样的句子是命令对方完成某项动作行为,"吃了"是命令对方吃完,"收拾好了"是命令对方收拾完。"了₁"和这种类型的"了₂"都表示动作行为的完成,所以具有相同的语音形式[lə]。

5. 知域的"了₂"

按照肖治野、沈家煊(2009)的定义,知域的"了₂"表示"新知态的出现"。根据笔者的调查,肥城方言中属于知域的"了₂"有两种语音形式[lia]和[lə]:

(32) 今年的冠军得是他的了₂[lia]。
(33) 这双鞋忒大了₂[lia]。
(34) 没发挥好,考不上大学了₂[lia]。
(35) 他最愿和我玩了₂[lia]。

例(32)表示猜测,例(33)表示评价,例(34)表示推断,例(35)表示认为。四个例句所表示的认知活动不同,但句尾的"了₂"语音形式完全相同。可见知域的"了₂"语音形式远没有言域和行域的"了₂"复杂,和行域中"了₂"最常见的语音形式是相同的,都读[lia]。

张宝胜(2011)指出,河南汝南方言中言域的"了₂"和行域的"了₂"读音完全不同,而知域的"了₂"读音有可能和行域的"了₂"相同。可以看出,汝南方言的"了₂"和肥城方言的"了₂"有一定的相似之处,这也反映出北方话"了₂"的一个共性。

6. 结　　语

本文从"行、知、言"三域入手,结合肥城方言"了₂"的不同语音形式,较为深入、细致、全面地分析了"了₂"的意义和功能。得出的主要结论是,肥城方言中属于言域的"了₂"语音形式较为多样,表示多种言语行为,属于行域的"了$_2$"次之,属于知域的"了$_2$"语音形式只有一种,功能和用法较为单一。语言研究要将"表、里、值"——即语表形式、语里意义和语用价值——三个方面结合起来。肥城方言的"了$_2$"语音形式多样,对应着不同的意义和语用功能,这一特点是普通话所不具备的。作为共同语的普通话和方言具有共同的历史来源,两者可以相互印证,要以方证普,从而完善对共同语的研究。同时,本文也证明了"行、知、言"三域是分析虚词意义和用法的一个很管用的框架,是对传统理论的一个补充和拓展。

参考文献

邓思颖.再谈"了$_2$"的行、知、言三域——以粤语为例[J].中国语文,2013(3).

高晓虹.助词"了"在山东方言中的对应形式及相关问题[J].语言科学,2010,9(2).

刘勋宁.现代汉语句尾"了"的语法意义及其解说[J].世界汉语教学,2002(3).

吕叔湘.现代汉语八百词(增订本)[M].北京:商务印书馆,1999.

沈家煊.复句三域"行、知、言"[J].中国语文,2003(3).

肖治野,沈家煊."了$_2$"的行、知、言三域[J].中国语文,2009(6).

张宝胜.也说"了$_2$"的行、知、言三域[J].中国语文,2011(5).

中国社会科学院语言研究所,中国社会科学院民族学与人类学研究所,香港城市大学语言资讯科学研究中心.中国语言地图集 第2版 汉语方言卷[M].北京:商务印书馆,2012.

海外中国典籍的多语转写研究
——以《清语老乞大》汉语—满文的朝鲜文转写为例*

国际中文教育实践与研究基地（北京语言大学） 邵 磊
故宫博物院 多丽梅

内容提要 民族接触促进语文互动，语文互动导致文字变异，这种现象即发生在朝、满、汉三民族的互动中。朝满对音书籍甚多，《清语老乞大》是最早的一批朝满对译资料。在转写满文时，朝鲜文的拼写法逐渐变得复杂，如将两个字母合二融一的字形，违背拼字结构的字形，违背元音和谐的字形等等。这些朝鲜文转写字形的变异，皆因满文字形而改，属于因文字接触而产生的文字变异。综合来看，《清语老乞大》的朝鲜文转写对满文字形与字音虽有一定关注，但不如其他文献较多使用添加字符作区分，且常出现同字对多音的情况，可以看出《清语老乞大》的朝鲜文转写属于较粗略的转写法。

关键词 民族接触；文字变异；域外汉籍；清语老乞大；朝鲜文转写

0. 引 言

满族贵族入主中原后，与邻国朝鲜的关系日益密切，大批朝鲜知识分子开始学习满语，并编写了满语教材和词典。在国家层面，朝鲜王朝设立了专门负责朝鲜外事翻译和外国语教育的国家机关——司译院。司译院设有四学，分别是负责汉语翻译与教学的汉学、负责蒙语的蒙学、负责日语的倭学和负责满语的清学。在 17 世纪后，司译院的清学书籍推动了满、朝、汉三语文之间的互通（郑丞惠 2003：31）。司译院清学书原有 20 种以上，但流传至今的仅剩 10 余种。其中，《小儿论》《八岁儿》为短篇阅读教材；《三译总解》为长篇阅读教材；《清语老乞大》为口语对话教材；此外还有简易词典《同文类解》以及汉韩满大辞海《汉清文鉴》等；前四种统称为读本类书籍，后两种统称为辞典类书籍（조규태 1981：27—28）。这些流传下来的清学书籍均已影印并出版，对朝鲜半岛的清学研究以及中朝交流史研究具有重要的意义。

这些转写满文的朝鲜文中，有许多朝鲜文不但与现代朝鲜语中所使用的固有朝鲜文大相径庭，甚至连造字方法也与传统造字法截然不同。通过考察司译院清学书可以发现，满文的字形、字音、词源以及译书性质等对朝鲜文转写皆有影响。因此本文将从这些方面，挖掘满文对韩文转写的影响，进而挖掘韩文各种转写字形的规律与缘由。

---

* 本文系国家社科基金后期资助项目"民族接触与文字变异"（19FMZB012）和国家社科基金艺术学项目"俄罗斯皇宫典藏中国瓷器研究"（18BG143）的阶段性研究成果。

1. "汉语—满文"：记录汉语的满文

满文作为清朝的国字，不仅担负着拼写满语的功能，在满汉民族交融的当时也担负着记录汉语的作用。由于满汉两语的语音体系不尽相同，拼写不同语音的文字体系也有所出入。因此在研究方法上，有必要将满文分为拼写满语的"满语—满文"和拼写汉语的"汉语—满文"两种，如此才能发现韩文再次转写时字符差异的原因。

随着清朝对中原的统治，满汉在文化和语言上的接触不可避免。满语中大量融入汉语借词，使得满文不仅要拼写满语固有词，还要拼写汉语借词。在汉满韵书、词典中，满语给汉语标音，满文适应汉语发音的要求更高，因此满文出现多种记录汉语的方法。

"三月（清太宗天聪六年，1632）详定国书字体……又以国书与汉字对音未全者，於十二字头正字外，增添外字。犹不能尽协者，则以两字连写切成，其切音较汉字更为精富，由是国书之用益备……"（《国朝耆献类征·卷一·达海传》）

这里记载了满文记录汉语的三种方法，即"对音""切音"与"外字"。所谓"对音"，就是在满文已有文字或单音节拼写中寻找相同或相似的字节来拼写 一个汉字；而"切音"是指，在无法用满文的单音节拼写一个汉字时，用两到三个音节连读合声，使其对应汉字发音。而在对音中，有些字发音不能完全吻合，则在满文现有字母①之外，再造专门字母来拼写汉字，称之为"外字"。

"切音"的全称为"合声切法"，就是将两个或三个音节快速拼读为一声。因此，切音法还可以分为"二合切音"与"三合切音"。通常带有介音的汉语音节皆以"切音"的方式拼写。如"总兵官"的满文拼作 tsuŋ piŋ ku'wan，其中 tsuŋ 的辅音 ts 为专为外来语而造的"外字"；piŋ是用满语既有音节来记录的"对音"；ku'wan 由 ku 和 wan 两个音节组合而对应"官"[kuan]，即是"二合切音"。由于满文以词节为单位，因此一个"字"可以由多个音节组合来对应一个汉字。

满文外字由六个辅音字母和五个特殊独字组成。其中，满文 k 系辅音因区分阴阳，产生[q][qʰ][χ]和[k][kʰ][x]两种变体，而汉语仅有[k][kʰ][x]，另制专记汉语的阳性字"ᠴ᠊ ᠊ᠴ᠊ ᠊ᠴ᠊ Kᐩ、Kʰᐩ、Xᐩ"，以替代满文阳性字母"ᠴ᠊ ᠊ᠴ᠊ ᠊ᠴ᠊ Kᐩ、Kʰᐩ、Xᐩ"。不过"ᠴ᠊ ᠊ᠴ᠊ ᠊ᠴ᠊ Kᐨ、Kʰᐨ、Xᐨ"与"ᠴ᠊ ᠊ᠴ᠊ ᠊ᠴ᠊ Kᐨ、Kʰᐨ、Xᐨ"音值完全相同。

ᠴ kᐩ	ᠴ kʰᐩ	ᠴ xᐩ	ᠴ ts	ᠴ tsʰ	ᠴ ʐ
ᠴ tsɿ	ᠴ tsʰɿ	ᠴ ʂɿ	ᠴ tʂ	ᠴ tʂʰ	ᠴ ʂ

图1　用于汉语拼写的满文外字

无论是对音、切音或是外字，都体现了满语与汉语语音体系的差异。因此，满文在拼写满语或汉语时，可能存在发音上的不同。如满文复元音 ᠸᠣ，根据字形应规范读作[ow]，拼写满语时常读作长音[ɔː]，但拼写汉语借词时又须读作[au]。拼写满语或汉语的不同，使相同的满文书写产生变异音现象，而这又会体现在朝鲜文转写之中。

---

① 满文的基本字母被称为"十二字头"，是指满语—满文中所有的辅音字母。

2.《清语老乞大》的书志与整理状况

《清语老乞大》系司译院读本类清学书,是根据汉学书《老乞大》改译的满语阅读教材。《老乞大》最原始的底本成于何时至今无定论,但朝鲜所用最初版本是承继高丽朝已有之刊,距今至少超过 620 年之久。在朝鲜王朝 500 年间,该书历久弥新,不仅重刊、再刊、改刊、谚解多次,更被各门译学所译,成为朝鲜译学中最为重要、持久的译学教材。其内容为高丽商人到元大都(北京)经商途中所经历的各种事情,涉及旅行、交易、契约、宴饮等各个方面。其用语为元明时代北方官话的口语,是非常贴近生活和实际口语的外语教材。书名中所谓"乞大",应系高丽朝时期模仿蒙古人对汉人的称呼,而这一称呼则源自"契丹";所谓"老",应为汉语北方方言中唤人称或姓氏前所用冠称。根据崔东权(2012:8)推测,满朝对译《老乞大》应有两种版本,其一是丙子胡乱时被满洲人抓走又送还的东还者们所翻译的内容,肃宗二十九年(1703)由李世万书写、朴昌裕等捐财所出刊的活字版《清语老乞大》;其二是英祖四十一年(1765)金振夏修订并出刊的《清语老乞大新释》,也即今日所传之本。朝鲜提调行判中枢府事洪启禧为《清语老乞大》撰序中详细地介绍了金振夏版本的出刊缘由与过程。

> 清学在今诸译为用最紧,为功最难,其课习之书,有老乞大及三译总解,而三译总解则本以文字翻译,无甚同异讹舛。若老乞大则始出于丙子后我人东还者之因语生解,初无原本之依仿者,故自初已不免龃龉生涩,而今过百季,又有古今之异假,使熟于此书,亦无益于通话之实,从事本学者多病之。庚辰,咸兴译学金振夏因开市往留会宁,与宁古塔笔帖式质问音义,辨明字画,凡是书之径庭者改之,差谬者正之。翌季开市时复质焉,则皆以为与今行话一一吻合,自此诸译无所患于舌本之闲强,振夏尽有功于本院矣。因都提举洪公筵禀入梓箕营,不妄方与闻院事。故略记颠末如此云。(《清语老乞大》序)

《清语老乞大》今存四种版本:第一种为箕营(平壤)刊本,全八卷,现藏于法国巴黎东洋语学校图书馆,韩国延世大学《人文科学》(1964)杂志曾将其全文刊印;第二种为英国大英图书

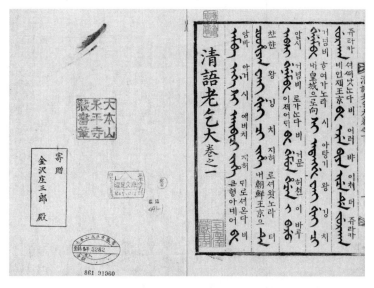

图 2　日本驹泽大学藏《清语老乞大》之扉页及正文第一卷第一页

表1　《清语老乞大》汉语·满文例字表

声母				韵母							
p	빈 檳 7:7	k	갸 쟈 嘉6:12 高1:17	a	야문 衙門 6:12	o	고 沽 1:21	io		uaŋ	샹루 왕 雙陸8:18 王1:1
pʰ	푼 分 7:7	kʰ	키 氣 7:7	ai		i	지 리 濟1:17 李1:22	iə		uə	
m	멍즈 孟子 1:3	x	호 항 侯1:20 杭6:11	an	난 南 7:20	ʅ	직 直 1:21	iəi		uᵊi	쉬 水 8:17
f	페 痞 7:7	tʂ	쟏 州 1:7	aŋ	랑 榔 7:8	ɿ	멍즈 孟子 1:3	iⁿn	빈 檳 7:7	uᵊn	푼 分 7:7
w	왕 王 1:1	tʂʰ	쳥 城 1:14	au	쟢쟏 趙1:22 高1:17	ɔ		iⁿŋ	힝 興 6:12	uᵊŋ	쿵 芎 7:7
t	단 店 1:13	ʂ	샨 山 1:17	ə	셔 社 3:12b	ia	갸 嘉 6:12	iᵊu	뢴 劉 3:18	y	
tʰ		ʐ		əi	페 痞 7:7	iai		u	수 후 蘇6:11 湖6:13	yan	
n	난 南 7:20	ts tɕ	조 지 涿8:1 濟1:17	ən	운 文 6:1:	ian	단 店 1:13	ua	와스 瓦子1:13	yᵊi	
l	랑 榔 7:8	tsʰ tɕʰ		əŋ	쳥 城 1:14	iaŋ	향 香 7:7	uai		yᵊn	윤 雲 7:20
j	윤 雲 7:20	s ɕ	수 샨 蘇6:11 先7:7	əu	호 쟏 侯1:20 州1:7	iau	랎둥 遼東3:20	uan	완 九 7:7	yᵊŋ	

馆藏本,全八卷,洪锡文(1998)据此版本于弘文阁影印出版;第三种为日本驹泽大学图书馆藏本,全八卷,郑光(1998)据此版本于弘文阁影印出版《清语老乞大新译》,崔东权(2012)据此版本进行译注并将其全文影印于博文社出版;第四种为中国大连图书馆藏本,仅一卷(王敌非2013a:155)。本文所参照的驹泽大学藏本为木刻本,共8卷736句对话(王敌非2013b:78)。正文部分半页版框为四周单边25.4cm×19.3cm,有界、六行,版心上下花纹鱼尾(오민석2013:306)。行文自上而下,换行从左到右,为满文书写格式。行文每行两列,左写满文,右以朝鲜文转写其音,每句话下有双行小字以朝鲜文释其义。

本文整理《清语老乞大》汉语—满文所出现的声韵共有45种,其中韵母28种,声母17种。全文例字共计47种。整理汇总见表1。表1共分6列,前2列为声母例字,后4列为韵母例字。声母划分20音,根据满文拼写差异,将齿音/ts/、/tsʰ/、/s/分成非颚音化的[ts]、[tsʰ]、[s]和颚音化的[tɕ]、[tɕʰ]、[ɕ]两组变异音。韵母划分40音,因满文拼写差异,[ɿ]、[ʅ]被分列两音。每个例字格共分5个部分:左侧灰色部分为汉语音位的国际音标;白色内格左侧为满文例字,右侧为朝鲜文译字;下方灰色格左侧为对应汉字,右侧为页码。

满文常用的拉丁文转写有"Wylie、Möllendorff、BabelPad、新满汉、太清"等几种,但无满语基础知识的人识读会有困难,因此笔者以满文字母代表音的国际音标作为正文中的满文转写,汉语、朝鲜文字符代表音皆以国际音标字符为转写,使各分野语言学者可一目了然。满文的音值根据成百仁《满洲语音韵论研究》(1981:3)标注;朝鲜文音值(17世纪至18世纪中叶的古音)则根据《国语音韵学》(许雄1985:5)和《近代国语研究》(洪允杓1996:6)标注。

在研究方法上,本文有两方面突破:①区分"满语—满文"和"汉语—满文"。满文作为清朝的国字,不仅担负着拼写满语的功能,在满汉交融的当时,也担负起了拼写汉语的作用。由于满汉两语的音韵体系不尽相同,拼写不同语音的文字体系也会有出入。为了使研究更加清晰明确,有必要将满文分为拼写满语的"满语—满文"和拼写汉语的"汉语—满文"两种,这对研究满文的韩文拼写也起到区分作用。②区分"转字"和"转音"。为使研究方法更加科学,需注意文字拼写时的两个重要标准——"转字(transliteration)"和"转音(transcription)"。拼写时,注重被转文字形态的称为转字,忽视被转文字形态的称为转写。转字,据其是否兼顾文字发音,还可以分为兼顾文字发音的和忽略文字发音的两种;而转写则无条件地注重文字发音。有时转字和转写的界限并不明确,对此类拼写并无追究的必要。

3. 汉语—满文元音字节的朝鲜文转写

汉语[a]以满文a拼写。《清语老乞大》中以朝鲜文ㅏ(a)来转写。
汉语[ai]在《清语老乞大》中无例字。
汉语[an]以满文an拼写;朝鲜文以ㅏ(an)转写。
汉语[aŋ]以满文aŋ拼写;朝鲜文以ㅑ(aŋ)转写。
汉语[au]以满文ao或ɔɔ拼写;朝鲜文随之转写为ㅗ(ao)和ㅗ(oo)。从满文来看,满语语音化较强的借词多以ɔɔ拼写,而满语化较弱的借词则以ao拼写。朝鲜文本无此类字符,系根据满文字形而制。这样的转写有悖朝鲜文两个横写元音字母不得相拼的原则。朝鲜语元音字母由所谓"三才",即"天、地、人"三要素组成,分别代表点、横、竖三种笔画。所谓竖写元音,即含有"人(竖)"笔画的字母,"ㅏㅓㅐㅔ"等如是;横写元音,即含有"地(横)"笔画的字母,

"ㅗㅜㅡ"等如是。汉语—满文-u 系复元音的朝鲜文转写皆属此类转写。

汉语[ə]以满文 ə 拼写;朝鲜文以ㅓ(ə)转写。

汉语[əi]以满文 əj 拼写;朝鲜文以ㅔ(əj)转写。此为满语语音化较强的转写。

汉语[ən]仅有[wən]一例,满文以 wən 拼写,朝鲜文转写作운(°un)而非원(°uən)。王力(1991)指出,汉语韵母[iu][in][iŋ][yn][yŋ][ui][un][uŋ]的发音中,有发音微弱的过渡音[ə],因此,其发音实际为[iˀu][iˀn][iˀŋ][yˀn][yˀŋ][uˀi][uˀn][uˀŋ]。满文拼写汉语该类发音时,常有是否添加 ə 的混乱便源于此。

汉语[əŋ]以满文 əŋ 拼写;朝鲜文以ㅓ(əŋ)转写。

汉语[əu]以满文 əɔ 拼写;朝鲜文以ㅗ(oi)和ㅛ(jəo)两种方式转写。与非卷舌音声母相结合时用前者来转写,与卷舌音声母相结合时则用后者来转写。朝鲜文本无此类字符,系根据满文字形而制。

汉语[i]以满文 i 转写,朝鲜文以ㅣ(i)转写;但所有的汉语[li]以满文 lij 拼写,朝鲜文相应转写成리(rii)。《钦定清汉对音字式》(1836)所规定的汉语—满文拼写规范中要求,汉语/li/不用满文的 li 转写,而要拼写成 lij。成百仁(1984:41)在《清语老乞大》中发现了 lij(리/ri/,乞 1:22)的字例,并认为 ij 应为长元音。对于此,韩国学界一直未能获得具有说服力的答案。在《钞本初学满文指蒙諨》中可以发现,满文 lij 其实是为了避乾隆皇帝弘历(li)的满文名讳而曲折添加了一个字头,其读音并无长短之别。朝鲜文转写也随着满文避讳的加笔写法而同样添加一笔。

汉语[ia]以满文-iˈja 拼写;朝鲜文以ㅑ(ja)转写。

汉语[iai]在《清语老乞大》中无例字。

汉语[ian]以满文-iˈjan 拼写;朝鲜文以ㅑ(jan)转写。

汉语[iaŋ]以满文-iˈjaŋ 拼写;朝鲜文以ㅑ(jaŋ)转写。

汉语[iau]以满文-iˈjɔɔ 拼写;朝鲜文以ㅛ(jao)转写。若遇满语—满文 jɔɔ 时,朝鲜文则以ㅛ(joo)转写,可见朝鲜文对汉语—满文和满语—满文的转写有一定区别。

汉语[io]在《清语老乞大》中无例字。

汉语[iə]在《清语老乞大》中无例字。

汉语[iəi]在《清语老乞大》中无例字。

汉语[iˀn]以满文 in 拼写;朝鲜文以ㅣ(in)拼写。

汉语[iˀŋ]以满文 iŋ 拼写;朝鲜文以ᇰ(iŋ)转写。

汉语[iˀu]以满文 io 拼写;朝鲜文以ㅛ(io)转写。朝鲜文本无此类字符,系根据满文字形而制。

汉语[y]在《清语老乞大》中无例字。

汉语[yan]在《清语老乞大》中无例字。

汉语[yˀi]在《清语老乞大》中无例字。

汉语[yˀn]仅有零声母一例,满文以 jun 拼写;朝鲜文以윤(°jun)转写。

汉语[yˀŋ]在《清语老乞大》中无例字。

汉语[u]以满文 u 拼写;朝鲜文以ㅜ(u)转写。汉语[xu]常以满文 x⁺ʊ 拼写,同样以ㅜ转写。

汉语[ua]仅有零声母一例,满文以 wa 拼写;朝鲜文以와(°oa/wa/)转写。

汉语[uai]在《清语老乞大》中无例字。

汉语[uan]仅有零声母一例,满文以 wan 拼写;朝鲜文以완(°oan/wan/)转写。

汉语[uaŋ]以满文-uˈwaŋ 拼写;朝鲜文以왕(uaŋ)转写,零声母 waŋ 以왕(°oaŋ[waŋ])转写。왕这样的转写有悖朝鲜字母阴阳元音不得相拼的原则。朝鲜文字造字时,根据"元音和谐"的语音特征纳入了"阴阳"的概念。基本元音字母中"天(点)"在"人(竖)"右或"地(横)"上为阳,即"ㅏㅑㅗㅛ";在"人(竖)"左或"地(横)"下为阴,即"ㅓㅕㅜㅠ";无"天(点)"为中性,即"ㅡㅣ"。复合元音造字的方法以"同性相合,阴阳不相合"为原则,即"阳+阳(如ㅘ)""阳+中(如ㅚ)""阴+阴(如ㅝ)""阴+中(如ㅟ)""中+中(如ㅢ)"五种组合模式,而不得出现"阳+阴(如ㅙ)"或"阴+阳(如ㅞ)"之类的异字。在朝鲜清学书中,汉语—满文 u-系复元音的朝鲜文转写皆属此类转写。

汉语[uə]在《清语老乞大》中无例字。

汉语[uˀi]以满文 ui 拼写;朝鲜文以ㅟ(ui)转写。

汉语[uˀn]以满文 un 拼写;朝鲜文以ㅜ(un)转写。

汉语[uˀŋ]在《清语老乞大》中无例字。

汉语[o]以满文 ɔ 拼写;朝鲜文以ㅗ(o)转写。

汉语[ɿ]以满文外字 ɿ 拼写;朝鲜文以发音近似的ㅡ(ɨ)转写。

汉语[ʅ]仅有一处例字 tʃikʰ⁺K⁺o(直沽,乞 1:21),朝鲜文转写为직고(tsik ˈko)。该字本为入声字,但北方官话中入声早已脱落。根据《蒙古字韵》(1:19b)八思巴文的注音,"直"为澄床母支韵ꡕ(tʂi),即指[tʂʅ],可见元代时其发音已为[tʂʅ]。满语中该字入声的存留有三种可能,一是该词借入的时间非常早,二是该词借入的渠道是通过操有入声方言的人群,三是朝鲜人编纂时杂入了朝鲜式的汉字发音(朝鲜音即为직)。

汉语[ɚ]在《清语老乞大》中无例字。

4. 汉语—满文辅音字节的朝鲜文转写

汉语零声母音节根据韵头的不同分为四种,即开、合、齐、撮,分别指代无韵头、u-韵头、i-韵头、y-韵头;满文分别以零声母 ø、半元音 w、半元音 j 和半元音 j 作为辅音来拼写;朝鲜文皆以零声母ㅇ(°)转写。

汉语[p]、[pʰ]、[m]、[f]以满文 p、pʰ、m、f 拼写;《清语老乞大》的朝鲜文分别以ㅂ(p)、ㅍ(pʰ)、ㅁ(m)、ㅍ(pʰ)转写。因朝鲜语音体系中并无[f]音,因此读本类满朝对译书籍皆以ㅍ近似转写。这就导致朝鲜文ㅍ所转写的满文可能是 pʰ 也可能是 f。

汉语[t]、[n]、[l]以满文 t、n、l 拼写;朝鲜文以ㄷ(t)、ㄴ(n)、ㄹ(ɾ)对应。其中闪音ㄹ(ɾ)在转写满语—满文时通常对应颤音 r,此处也近似转写边音 l。

汉语[k]、[kʰ]、[x],读本类清学书通常以满文 K⁺、Kʰ⁺、x⁺ 和 k⁻、kʰ⁻、x⁻ 两组字母拼写;朝鲜文皆以ㄱ(k)、ㅋ(kʰ)、ㅎ(h)对应。《清语老乞大》中无以 Kʰ⁺ 对应的例字。如前文所述,满文有专用的外字用来转写外来语借词,其中汉语[x]应由满文ꭥ(X⁺[x])拼写,但习惯上常以ꭦ(x⁺[χ])拼写汉语借词中的[x]。对此,有些清学书的朝鲜文转写对喉辅音的不同用字会通过添加符号等方式进行区别,但在《清语老乞大》中并未做区分。

汉语[tʂ]、[tʂʰ]、[ʂ]以满语—满文基础字母 tʃ、tʃʰ、ʃ 拼写;朝鲜文转写为지(tsi)、치(tsʰi)、시(si)。近代朝鲜语音系中没有类似汉语的卷舌音或满语的颚音,仅有类似汉语平舌音的

ㅈ/ts/、ㅊ/tsʰ/、ㅅ/s/，因此只能以ㅈ、ㅊ、ㅅ结合 j 系二重复合元音字母的方式转写。如此就会出现满语 si-与 ʃ-的朝鲜文转写重叠的现象，如汉字"山"与"先"的满文分别拼作 ʃan（乞 1：17）与 siʼjan（乞 7：7），朝鲜文皆转作샨(sian)。

汉语[s]、[tsʰ]以满文 s 和汉语—满文专用字母 tsʰ 拼写，朝鲜文分别转写为ㅅ(s)、ㅊ(tsʰ)。该组声母与 i-系、y-系韵母相结合时产生腭化现象，满文以 ʃi、tʃʰi 拼写，朝鲜文转写为시(si)、치(tsʰi)，此时会与卷舌音转写字形相同。

汉语[tʰ]、[ʐ]、[ts]在《清语老乞大》中无例字。

5. 结　　论

《清语老乞大》汉语—满文的朝鲜文转写汇总如下：

声母	ø	p	pʰ	m	f	t	tʰ	n	l	k	kʰ	x
	ㅇ	ㅂ	ㅍ	ㅁ	ㅍ	ㄷ		ㄴ	ㄹ	ㄱ	ㅋ	ㅎ
	ts	tsʰ	s	tɕ	tɕʰ	ɕ	tʂ	tʂʰ	ʂ	ʐ	j	w
	ㅈ	ㅅ	지		시	지	치	시			이	우/오
韵母	a	o	ə	i	u	y	ɿ	ʅ	ɚ			
	ㅏ	ㅗ	ㅓ	ㅣ	ㅜ		ㅡ	ㅓ				
	ai	əi	an	ən	aŋ	əŋ	au	əu				
		ㅔ	ㅏㄴ	ㅓㄴ	ㅏ	ㅓ	ㅗ/ㅗ	ㅗ/ㅡ				
	ia	iai	ian	iaŋ	iau	io	ie	iəi	iʼn	iʼŋ	iʼu	
	ㅑ		ㅑ	ㅗ	ㅗ				ㅗ	ㅗ	ㅗ	
	ua	uai	uan	uaŋ	uə	uʼi	uʼn	uʼŋ	yan	yʼi	yʼŋ	
	ㅟ		완	왕/앙		ㅟ	ㅗ	ㅎ			ㄸ	

本文挑选《清语老乞大》例字共 47 种。其中，固有字符 42.5 种，特殊字符 4.5 种。固有字符中包括相同发音对应字符 37.5 种；近似发音对应字符 5 种，即以双唇音近似转写唇齿音的ㅍ(pʰ→f→f)、以闪音近似转写边音的ㄹ(ɾ→l→l)、以龈后音转写卷舌音的시(si→ʃ→ʂ)等字符；特殊字符中包括改造拼写对应字符 4.5 种，即ㅗ(ɑo→ɛɛ→uɑ)、ㅡ(ɔu→ɛɛ→əu)、ㅗ(io→ɛɕ→iəi)、ㅟ(uɑ→uʼwɑ→uɑ)等；无添加符号对应字符；无复古符号对应字符。

乞（47 字例）	译字种类	种数（占比）	字例
固有字符 42.5（90.4%）	相同发音对应字符	37.5（79.8%）	
	近似发音对应字符	5（10.6%）	ㄹ(l)、ㅍ(f)、시(ʂ)
特殊字符 4.5（9.6%）	添加符号对应字符	0（0%）	
	改造拼写对应字符	4.5（9.6%）	ㅗ(ɑu)、ㅡ(əu) ㅗ(iəu)、ㅟ(uwɑ)
	复古符号对应字符	0（0%）	

《清语老乞大》汉语—满文的朝鲜文转写的特征总结如下：

第一，使用朝鲜文基础字母进行转写的字符有：

1. 中声："ㅏ、ㅐ、ㅗ、ㅓ、一、ㅜ、ㅟ、丨"等；

2. 初声："ㅂ、ㅁ、ㅍ、ㅇ、ㄷ、ㄴ、ㄹ、ㄱ、ㅋ、ㅎ、ㅈ、ㅊ、ㅅ"等；

3. 终声："ㄴ、ㅇ、ㅁ、ㄹ、ㄷ、ㅂ、ㄱ、ㅅ"等。

第二，使用违背朝鲜文拼写法而制字符的转写有"ㅛ、ㅛ"：

1. 违背了横写元音不能在复合元音之下的原则，如"ㅛ、ㅛ"皆是；

2. 违背了两个横写元音字母不得相拼的原则，如"土"即是"ㅗ+ㅛ"的拼写组合；

3. 违背了阴阳元音不得相拼的原则，如"ㅝ、ㅛ"即是"阴+阳"相拼。

第三，使用相同朝鲜文字母转写不同满文发音的字符有"ㅍ、ㄹ、ㄱ、ㅋ、ㅎ、ㅈ、ㅊ、ㅅ"：

1. 中声：朝鲜文 j 系复合元音同时转写满文 j 系复合元音以及与颚音、卷舌音相拼的元音；

2. 初声："ㅍ"同时转写满文 p 与 f；"ㄹ"同时转写满文 r 与 l；"ㄱ"同时转写满文"k^+ 和 K^+"，"ㅎ"同时转写满文"x^+ 和 x^-"；"ㅈ、ㅊ、ㅅ"同时转写满文"tʃ、tʃʰ、ʃ"、"ts、tsʰ、s"。

综合来看，《清语老乞大》的朝鲜文转写对满文字形与字音虽有一定关注，但不如其他文献较多使用添加符号作字形区分，且常出现同字对多音的情况，可以看出《清语老乞大》的朝鲜文转写属于忽略文字发音、较少使用特殊符号的转字法。

参考文献

乾隆敕修.钦定清汉对音字式[O].北京：故宫博物院收藏，1723.

王敌非.《清语老乞大》满朝对音研究[J].黑龙江民族丛刊，2013a(6).

王敌非.《清语老乞大》版本考略[J].伊犁师范学院学报(社会科学版)，2013b(4).

王　力.汉语音韵[M].北京：中华书局，1991.

舞格寿平.满汉字清文启蒙[O].北京：墨华堂刊行，巴黎：法国国家图书馆收藏，1732.

作者不详.钞本初学满文指蒙誦[O].北京：中央民族大学图书馆收藏，清末.

[韩]成百仁.满洲语音韵论研究[M].汉城：明志大学校出版部，1981.

[韩]延世大学人文学研究院.清语老乞大[J].人文科学，1964(12).

[韩]오민석.清语老乞大新释诸异本間의版本比较研究[J].国语史研究，2013(17).

[韩]郑光.清语老乞大新释[M].汉城：弘文阁，1998.

[韩]郑丞惠.朝鲜後期倭学书研究[M].汉城：太学社，2003.

[韩]조규태.「八歲兒」满洲语文语研究[J].国语教育研究，1981(13).

[韩]崔东权，(译注)清語老乞大新释[M].汉城：博文社，2012，

[韩]许雄.国语音韵学[M].汉城：샘文化社，1985.

[韩]洪锡文.清语老乞大[M].汉城：弘文阁，1998.

[韩]洪允杓.近代国语研究[M].汉城：太学社，1994.

[英]Trask，R. L. A Dictionary of Phonetics and Phonology[M]. Routledge，Oxford. 1996.

同源词与上古音构拟(上) *

龚煌城　著

清华大学出土文献研究与保护中心　王鹏远　译

华东师范大学中国文字研究与应用中心　沈奇石　校

复旦大学出土文献与古文字研究中心　李　豪　校

内容提要　有关汉语词族的研究早已萌芽,高本汉、藤堂明保等学者运用上古音的拟音研究汉语词族,取得了丰硕的成果。但通过同源词来考察上古音系的研究却尚不多见。本文就是这方面的一个尝试。本文第一章回顾了汉语词族研究的历史,通过对"幽微二部同源词"和"＊tˡ-、＊lˡ-声母同源词"两个案例的考察,证实了通过同源词的研究来揭示史前时期的音变的可行性。第二章详细考察了不同韵部间的通转现象,在此基础上对上古汉语韵母系统的演变做了深入讨论。

关键词　同源词;上古音;韵部

1. 導論：同源詞研究

1.1　以往研究的簡單回顧

對詞語同源關係的認識最早可追溯到漢代的聲訓。在《說文解字》中,許慎用一系列與被

＊　本文譯自龔煌城的博士學位論文 *Die Rekonstruktion des Altchinesischen unter Berücksichtigung von Wortverwantschaften*(路德維希馬克西米利安慕尼克大學,1976 年),內容摘要爲本文譯者所加。譯文在術語選擇上以語音學術語爲主,音韻學術語爲輔。例如 Velar 不譯作"牙音"而譯作"軟腭音","Dental"不譯作"舌音"而譯作"齒音"。但在音韻學術語表達更簡潔的情況下,我們依然採用音韻學術語,例如"velare und laryngale Anlaute"不譯作"軟腭音和喉音聲母"而譯作"牙喉音"。原文的筆誤在譯文中保持原樣,但會在譯者注中改正。疑似筆誤,但無法修改者,在譯者注中標注"原文如此"。原文在韻目選擇上並不統一,如"物部"又作"隊部","緝部"又作"輯部",譯文亦保持原狀。原文使用當時流行的變體字母來標音,和現在通行的國際音標不同。我們在譯文中依然保留了原文的字母。爲了方便讀者閱讀,我們在此列出常見變體字母所對應的國際音標符號:

輔音:t̂[ṭ]　t̂'[ṭʰ]　d̂[ḍ]　tś[tɕ]　tśʰ[tɕʰ]　dź[dʑ]　ś[ɕ]　ź[ʑ]　ń[ɳ]　ñ[ɲ]　tṣ[tʂ]　tṣ'[tʂʰ]　dẓ[dʐ]　ṣ[ʂ]　ẓ[ʐ]　ĥ[ɦ]元音:â[ɑ]　å[ɔ]　ä[ɛ]　ɛ[æ]　i[j]表示介音　y[j]表示中古的喻母其他符號:/上聲　\去聲　元音下面加點表示短元音,如:ạ[a]。

由於本文存在大量繁難字形,因此譯文的正文部分使用繁體字刊出。譯文的參考文獻保留了原文的格式,只有中文文獻轉寫成了漢字。

本文在翻譯過程中得到了李豪和沈奇石的大力協助,他們爲我提供了原文的掃描件,並協助我錄入疑難字,校對引用文獻的原文和推敲譯文的文字。如果沒有他們的幫助與支持,我是無法完成這項工作的。

訓釋字讀音相近的字作注。雖然進一步的研究證明,絕大部分的聲訓都是純粹的"民間詞源學",但這種用一個音近的字給另一個字作注的做法依然可以表明當時肯定已經有了對詞語同源關係的認識。在《爾雅》中(其成書比《説文》早大概 200 年),這種用音近的字給其他字做注的情況俯拾皆是。但由於其中的訓釋大都是以同義詞的方式給出,所以我們還不能確切地説那時已經存在對詞語同源關係的認識①。在《釋名》中,這種認識變得更加明顯。劉熙給一千多個字作注,而這些注釋僅僅建立在讀音相似的基礎上。

　　隨着時間的推移,一些同源詞的讀音由於音變而變得不再相近,人們逐漸體會不出它們的同源關係,而僅僅將其看作同義詞。就這樣,人們對同源詞的認識逐漸變得模糊。對同源關係的"再發現"是藉助形聲字實現的,因爲無論讀音發生多大的變化,原本音近的同源詞的聲符所組成的諧聲系列依然保持不變。晉朝的楊泉最早發現了這種現象,《太平御覽》引楊泉《物理論》:"在金石曰堅,在草木曰緊,在人曰賢"②。這三個字都含有聲符"臤",而"臤"又以"臣"爲聲符。

　　宋代的王子韶曾對詞族進行過系統的研究。據沈括《夢溪筆談》:"王聖美治字學,演其義以爲右文。古之字書,皆從左文。凡字,其類在左,其義在右。如木類,其左皆從木。所謂右文者,如戔,小也,水之小者曰'淺',金之小者曰'錢',歹而小者曰'殘',貝之小者曰'賤'。如此之類,皆以'戔'爲義也。"③

　　一直到清代,對同源詞的研究都是通過這種方式進行的。清代學者開始研究上古音的韻部。通過對《詩經》及其他韻文中韻腳字的繫聯,他們開始從古韻分部的角度研究同源詞。這一次他們跳出了諧聲序列的框架。第一個把同源詞研究和古韻分部結合起來的是黃承吉。在他看來,"凡同一韻之字,其義皆不甚相遠,不必一讀而後爲同聲,是故古人聞聲即已知義,所以然者,人之生也,凡一聲皆爲一情,則即是一義。是以凡同聲之字,皆爲一義,試取每韻之字經而繹之,無不然者。"④

　　這個想法被劉師培繼續發揚,他嘗試給每一個韻部都分配一種意義。他説:"然字形雖殊,聲類同者,義必近。試以古韻同部之字言之,如之、耕二部之字,其義恒取于挺生;支、脂二部之字,其義恒取于平陳;歌、魚二部之字,其義多近于侈張;侯、幽、宵三部之字,其義多符于斂曲。推之,蒸部之字,象凌凌踚;談部之字,義鄰隱狹;真、元之字,象含聯。引其有屬於陽、侵、東三部者,又以美大高明爲義。則同部之字,義同相符。"⑤接下來他又具體討論哪些諧聲序列應該歸在哪一部。

　　儘管他只得出了一個粗糙的框架,但這在詞族研究中依然算是很大的進步。由於不知道每個韻部的具體音值,他其實把許多不同輔音韻尾的字都放在了同一個詞族。和他同時代的許多學者在研究同源詞時,對音變的解釋也往往帶有很強的隨意性。

---

①　譯者注:這句話是説,雖然《爾雅》裡有一些音近字作注的情況,但因爲這本書的通例是用近義詞作注,因此還不能説那時人們已經知道同源詞了。

②　《太平御覽》,第 402 卷,第 1884 頁。更詳細的學術史可參考:黃永武:《形聲多兼會意考》,第 11—59 頁。

③　沈括:《夢溪筆談》,第 14 卷,第 153 頁。

④　黃承吉:《夢陔堂文集》,第 2 卷,第 29 頁。

⑤　劉師培:《左盦集》,第 4 卷,第 20 頁。

隨着高本漢(Karlgren)的先驅性著作《漢語詞類》(*Word Families in Chinese*)的出版,同源詞的研究在 1934 年步入新的階段。中國歷史上第一次出現了一份標着音值的同源詞表。這是在同源詞的系統化研究上邁出的第一步,從這個意義上説,也是對詞彙學研究的一大貢獻。高本漢把輔音韻尾分成三組,把聲母分成四組。聲母和韻尾的組合有十二種情況:①

K

NG　　　　　　(-ng,-k,-g)

T

N　　　　　　(-n,-t,-d,-r)

N

M　　　　　　(-m,-p,-b)

P

高本漢根據不同的發音部位把輔音劃分爲不同的類型,和以往無規律的列舉相比,已然前進了一大步。但和其他領域先驅者們的著作一樣,高木漢的著作依然存在一些不足。

一直到 32 年之後,藤堂明保(Tōdō)發表的《漢字語源詞典》才對高本漢的體系進行了改進。基於陸志韋(1940)的成果,藤堂明保從"ts 組"分出了"t 組",並將"l"單獨列爲一組。此外,他還把三個鼻音 m、n、ng 處理爲半獨立音(halb-selbständig)②。這樣,和高本漢將聲母分爲四類不同,他將聲母分成了七類。在韻母問題上,他着眼於韻部的劃分,認爲不同詞族的主元音亦不相同。高本漢在研究詞族時不考慮介音(-j-和-w-),而藤堂明保則將介音 -w-看作劃分不同詞族的區別特徵。③這樣詞族的分類和上古音的構擬就緊密地結合在了一起。

1.2　未來研究的展望

在高本漢對漢語詞族的初步研究中,他對比了藏語中的元音變換現象,認爲同一詞族的主元音不必相同④。藤堂明保則認爲主元音不同的詞不可能具備親屬關係。我們有足夠的證據來反駁藤堂明保的觀點。蒲立本(Pulleyblank,1963,1965)給出了許多很有説服力的 ə/a

---

① 　Karlgren:*Word Families in Chinese*,BMFEA 5,1922,S.58.

　　譯者注:BMFEA 爲《遠東古物博物館集刊(Bulletin of the Museum of Far Eastern Antiquities)》的縮寫,S 爲德文 Seite(n)(頁)的縮寫。本文所引用刊物的縮寫參看文末"參考文獻"。原文非中文文獻一律保持原貌,下同。

② 　譯者注:這大概是因爲鼻音雖然一般不和同部位的塞音相諧,但確實存在一些與之發生關係的情況。

③ 　Todo Akiyasu:*Kanji gogen jiten*,S.26ff.

　　譯者注:德語參考文獻格式中 f.表示(und) die folgende Seite(以及下一頁),ff.表示(und) die folgenden Seiten(以及下幾頁)。例如 S.26f 表示"第 26—27 頁",而 S.26ff 表示從第 26 頁數往後幾頁。

④ 　譯者注:張世禄在翻譯高本漢《漢語詞類》時將"元音變換(Ablaut)"譯爲"元音變異"。高本漢的觀點可參考:高本漢著　張世禄譯:《漢語詞類》,商務印書館,1937 年,第 231—232 頁。

交替的例子①,以下是其中的一部分②:

	之部			魚部	
庤	M.ḍiə╲	'儲藏,準備'	儲	M.ḍio╲	'儲藏'
置	M.ṭiə╲	'設置,放置,安排'	著	M.ṭio╲	'地方,地方次序,位置'
硋,礙	M.ŋɐi╲	'障礙'	忤	M.ŋou╲	'反對'
貽	M.yə╱	'給'	予	M.yo╱	'給'
而	M.ńiə╱	'連詞'	如	M.ńio╱	'若,如果'
嗣	M.ziə╲	'連續,繼任,繼承'	序	M.zio╱	'次序,繼承者'

對於聲母、介音和韻母的嚴格限制,在進行更深入和更精確的研究時很有必要,但這並不適用於觀察最原始的同源詞。如果我們在一開始就允許同一詞族內有自由的元音交替,那麼就更容易發現不同韻部的詞之間可能存在的對應關係。蒲立本提出的元音交替類型並非對高本漢早期系統的回歸,而更像是指引未來研究方向的路標。往後對同源詞的研究就是尋找不同韻部間成系統的對應關係,然後用最先進的上古音構擬體系來對其進行解釋。在這個階段,同源詞的研究不再對古音構擬亦步亦趨,相反,它在構擬原始漢語過程中發揮着積極的作用,因爲同源詞之間的對應關係往往可以揭示形聲字所無法體現的最原始的音變。爲了説明這一點,我們在此舉一些例子。這些例子既可以看作本文的導論,同時也是後面章節討論的出發點。

1.2.1　幽部和微部間相對應的同源詞

(例子前的數字表示《漢文典》中諧聲序列的編號)③

	幽部				微部		
1026	孰	*d̂iôk/ʑiuk	'誰'	575	誰	*d̂iwər/ʑwi	'誰'
1090	嶹疇	*dˈiôg/d̂ˈiəu	'誰'				
1022	逐	*dˈiôk/d̂ˈiuk	'追逐'	543	追	*tˈiər/twi	'追逐'
1066	求	*gˈiôg/gˈiəu	'尋找,問'	443	祈	*gˈiər/gˈiei	'祈禱,祈求'
1035	穆	*miôk/mjiuk	'善,壯麗'	568	美	*miər/mjwi	'美麗,善'
1096	猶	*ziôg/iəu	'一種猴子'	575	蜼④	*diwər/iwi	
						*liwər/ljwi	
						*? /iəu	'一種像猴子的動物'

我們還能再補充一些其他例子。微部"非"的諧聲序列有"成雙"的基本意思,而幽部"复"的諧聲序列有"重複"的基本意思。楊樹達已指出屬於"非"的諧聲序列的"腓、跳、騑、辈、扉、扉、菲"等字⑤,而"复"的諧聲序列則包含"復、複、覆、瘦"等字。

---

① E.G. Pulleyblank: *An interpretation of the vowels systems of old Chinese and of written Burmess.* AM10,Part 2. 1963,S.220.

E.G. Pulleyblank: *Close/open ablaut in Sino-Tibetan*,Lingua 14,1965,S.238.

② 譯者注:M.表示"中古音",這裡的 ń 相當於[ȵ]。

③ Karlgren: *Grammata Serica*,Script and Phonetics in Chinese and Sino-Japanese.

譯者注:下表中"/"前面的擬音爲上古音,"/"後面的擬音爲中古音。

④ 譯者注:《廣韻》中"蜼"有"以醉切"、"力軌切"和"余救切"三種讀音。

⑤ 楊樹達:《積微居小學金石論叢》,第 87 頁。

　　這兩組諧聲序列相當於藤堂明保書中的第 190 組"成雙(in zwei Teile teilen)"和第 50 組"重複(wiederholen)"。這兩組無疑構成同一詞族。問題是我們應該如何解釋這種現象呢?解釋的方法無外乎兩種:要麼認爲不同的主元音和輔音韻尾的交替是上古漢語的一種構詞方式;要麼認爲這是某種曾在史前時代發生過的音變的遺跡,因爲這種韻尾的變化既不見于《詩經》的韻腳,也不見于漢字的諧聲系統。

　　我們可以從最後一組例子得到啓發。高本漢爲"蜼"構擬了三種讀音,其中第三種讀音和前面"猶"字讀音完全相同,這説明這兩個字的讀音原本是一樣的。"蜼"字的三種讀音十分接近,説明這種讀音的差異很可能是某種歷史音變造成的。這樣的解釋爲高本漢的擬音體系提出了挑戰,因爲如果某個韻尾輔音是從另一個輔音演變而來的,那麼這兩個輔音的發音方法應該相同。我們不可能假設發音方法再進一步發生變化。既然高本漢從和-k 與-n 的諧聲關係出發,構擬了-g 與-r,那麼我們自然也可以得出-g 與-d 的構擬①。在接下來的章節我們將進一步討論其他韻部間的對應關係,以此來明確-g>-d 的演變。

　　李方桂(1971)將幽部擬作"jǝkʷ、jǝgʷ",將微部擬作"jǝt、jǝd"②,爲這個音變提供了很令人信服的解釋:

孰	*djǝkʷ	誰	*djǝd< **djǝgʷ
求	*gjǝgʷ	祈	*gjǝd< **gjǝgʷ
逐	*drjǝkʷ	追	*trjǝd< **trjǝgʷ

　　由於 gʷ>d 這個音變並不是普遍存在的,因此可以將它看做某種方言變體。上古漢語中有一種明顯的脣化軟腭音向齒音轉變的傾向。在接下來的章節我們將會進一步詳述,在鼻音環境下這個音變會在極其廣泛的範圍内發生③。

1.2.2　*tˡ-和 *l-的對應關係及語音流變

　　正如前文所提到的,藤堂明保將 tˡ-和 l-分成了不同的兩組,但我們可以找到一些二者在同一詞族中交替出現的例子:

| 貪 | tˡǝm | '貪婪' |
| 婪 | lǝm | '貪婪' |

| 聽 | tˡing | '聆聽' |
| 聆 | ling | '聆聽' |

| 壬 | tˡing | '好' |
| 令 | ling | '好' |

　　《説文》中訓"婪"爲"貪","聽""聆"互訓。"聽"从"壬"聲,《説文》:"壬,善也。""聆"从"令"

---

　　① 譯者注:這裡意思是説,高本漢是根據-g 與-k、-r 與-n 的諧聲關係構擬出的-g 與-r。但幽部和微部的同源詞應該同出一源,原本讀音比較接近。高本漢構擬的-r 和-g 發音部位和發音方法都不一樣,很難解釋這種同源關係。因此作者主張把-r 改成-d,這樣-g 和-d 的發音方法相同,有利於解釋幽部和微部的關係。

　　② 李方桂:《上古音研究》,《清華學報》,New Series IX, 1970,第 30 頁和第 34 頁。

　　③ 譯者注:參看本文 2.3。

聲,《爾雅》:"令,善也"。這樣我們就找到了三組出現"t¹-"、"l"交替的同源詞。但在《漢字語源詞典》中,藤堂明保不認爲這些是同源詞,而將其分開處理。鑒於 t¹-和 l-的交互關係及從"壬"和"今"得聲的字中有軟齶音聲母,我在很早之前就有一種猜想,t¹-來源於 hl-,其中的 h-是加之其上的前綴。因此當我得知李方桂根據諧聲關係推導出了同樣的音變 hl>t¹ 時,感到非常高興。但李教授並沒有説明 hl-究竟是一個不帶聲的 l-還是一個複輔音。諧聲系統更支持將 h-看作一個獨立的音素。根據《説文》,"至"爲"壬省聲",而"至"的聲母爲軟齶音 k-。"貪"的聲符爲今(kiəm)。如果我們不把 h-ləm 和 h-ling 中的 h-看成一個獨立的成分,那麼這兩個字和它們聲符的配合關係就顯得不是很合理。它們的諧聲關係如下:

今　kiə̯m
貪　h-ləm

壬　h-ling
至　king

如果我們把"h-ləm"和"h-ling"中的"h"看作一種前綴,那麼就能得到如下的同源詞組:

婪　* ləm
貪　* h-ləm>t¹əm

聆　* ling
聽　* h-ling>t¹ing

令　* ling
壬　* h-ling>t¹ing

如果這是原始漢語中存在的某種構詞方法,那麼我們就應該能找到更多類似的詞組。但是,有證據表明,許多採用這種構詞方式的詞組都經歷過劇烈的音變,因此它們現在有着完全不同的語音形式。爲了更好地解釋這一點,我們拿"鐵"字來舉例。這個漢字包含聲符"壬"[1],我們已經將其構擬爲 hling。"鐵(t¹iet)"的上古音是 hlit ,有一個相當早的證據。《左傳》和《穀梁傳》中的地名"鐵(t¹iet)",在《公羊傳》中寫作"栗(liet)"[2]。考慮到異文和諧聲,《詩經》時代該字的讀音應當構擬爲 hlit,諧聲時代該字讀音應構擬爲 hlik[3]。

---

①　依據《説文》,"鐵"字的諧聲層級如下:

壬→呈→或→戩→鐵

亦可參看 KYSH, 228 卷,第 290 頁。

②　陳新雄:《春秋異文考》,第 230 頁。

③　李方桂(1932):《上古漢語的-ung, -uk, -uong, -uok 等》(Ancient Chinese -ung, -uk, -uong, -uok, etc.)(載於 Archaic Chinese, 第 407 頁)提出諧聲時代應當早於《詩經》時代。這個觀點被高本漢(1933):《漢語詞類》(第 40 頁)採納。

蒲立本舉出了許多方言中-k>-t 音變的例子。

Pulleyblank: *Studies in early Chinese Grammer*, Part. I, AM8, 1960, S.61ff.s.

將"鐵"構擬爲 * hlik,可以使該字與張琨所構的"qhleks"的聯繫更加明顯。(Chang Kun: *Sino-Tibetan "Iron" * Qhleks*, JAOS, 92.3(1972). S.436 ff.)

壬　　* h-ling＞t'ing

鐵　　* hlik＞* hlit＞t'it＞t'iet

這樣我們就可以將之與西田龍雄（Nishida）（1954）所構擬的原始泰語* hlek 進行比較了。①（奧德利庫爾（Haudricourt）構擬爲 l'ek，其中 l' 表示不帶聲的 l。②）

"鐵"的古文寫法"銕"③（中古有 t'iet 和 d'iet 兩讀）包含聲符"夷(i)"④。零聲母（高本漢寫作 i 或 i̯）⑤在中國傳統語文學中歸爲喻母，對於這個聲母的上古音來源，學者衆說紛紜，莫衷一是。高本漢認爲中古的聲母 i 或 i̯有着多個上古音來源，根據諧聲系統，其來源應與軟腭音 g 和齒音 d、z 有關。許多學者對高本漢的觀點提出了質疑：從 d-和 z-之間進行選擇的可能性並不存在⑥。他體系中不送氣的 z-、g-、d-僅出現在 i̯之前⑦，分佈上顯得十分不規則⑧。高本漢把他體系中喻母的兩個來源 g-、d-繼續分爲送氣（g'-、d'-）和不送氣（g-、d-）兩組。然而迄今爲止這種對立還没有在任何一種東亞語言中發現過⑨。

富勵士（Forrest）（1961）爲喻母的來源構擬了 ʎ-⑩，蒲立本（Pulleyblank，1962）構擬了 δ-⑪。富勵士（Forrest，1964）堅持他之前的構擬，並對蒲立本（Pulleyblank）的構擬表示遺憾⑫。但在 1967 年，他改變了原來的想法，提出了 r 的構擬方案。李方桂似乎接受了他的觀點，但對其進行了進一步的改善。爲了克服 r 不規則分佈的問題，李方桂提出 r-是中古喻母的來源，而 rj-是中古邪母的來源⑬。

當蒲立本在 1962 年提出"δ"的構擬時，他已經提到了和 r 音聯繫在一起的難題。他舉了和 Alexandria 相應的漢語音譯詞"烏弋山離（M. ou-yək-ṣaən-lie）"，這個詞第二個音節（高本漢擬音爲 i̯ək）是一個喻母字。他説："讓人驚訝的是，在轉寫 Alexandria 這個詞時，中國人用他們的 l 來轉寫 r，用他們的 r 來轉寫 l。（It would be surprising to find the Chinese using their l for r and their r for l in transcribing Alexandria.）"

---

①　西田龍雄：*Tonematica Historica*，《トネームによるタイ諸語比較言語學》，GK 25，1954。

②　André C. Haudricourt：*Les Phonèmes et le Vocabulaire du Thai commun*. Journal Asiatique Tom 236，1948，S.224.

③　KYSH 第 290 頁和第 871 頁。這篇文章中引用的中古音構擬基於高本漢的體系。

④　參看《説文解字・第十四篇上》，段玉裁認爲"銕"中的"夷""蓋弟之譌也"。

⑤　i̯在下文用 j 表示。

⑥　董同龢：《上古音韻表稿》，第 28 頁。

譯者注：董氏原文如下："由此可見喻母跟 ts-系的關係實在是不能脱離 t-、t̂-、tś-系而獨立存在的。假使在 d-之外又擬一個 z-，就一般情況而言，我們竟没有法子去分辨哪一個是 d-或哪一個是 z-。"

⑦　譯者注："不送氣的"原文如此，疑爲"帶聲的"之譌。

⑧　Nicholas Cleaveland Bodman：*A Linguistic Study of the Shih Ming*，S.25.

⑨　E.G. Pulleyblank：*The Consonantal System of Old Chinese*，AM，IX，Part 1，1962，S.67.

R.A.D. Forrest，Harlow：*Research in Archaic Chinese*，ZIMG，1961，S.137.

⑩　Forrest：*Research in Archaic Chinese*，S.136.

⑪　Pulleyblank：*The Consonantal System of Old Chinese*，S.116.

⑫　R.A.D. Forrest：*A Reconsideration of the initials of Karlgren's Archaic Chinese*. TP，Vol.LIII，1967，S.234.

⑬　李方桂：《上古音研究》，《清華學報》，New Series IX，1971，第 11 頁。

　　如果 r 不合用，而人們又需要找到一個和 l 相近的音，那麼最先想到的應該就是"鐵(*hlit
$<$**hlik)"的聲母 hl 了。在不甚精確的轉寫中，hl-也可以和 l-交替，比如前文提到的"栗
(liet)"。這個解釋十分簡潔。人們通常用漢語中的 l 轉寫外語中的 l 或 r，只有在少數情況下
才用 hl 代替 l。在第三章我們將進一步説明，到目前爲止人們通常構擬爲 tj-、t'j-、dj-、nj-的
那些聲母，實際上都含有前綴 s-和介音-r-，它們後來失去了輔音部分，而轉變爲中古的喻
母(j-)。

　　接受了這些觀點，蒲立本提出的不見于中古漢語的 δ 和 θ 就顯得多餘了。這些觀點也能
更好地解釋諧聲關係和同源關係。我們在前面已經説明了 hl-到 t'-的演變，此外我們還應該
再補充一點，hl-會在介音-j-前消失。

　　回到我們之前提到過的例子，有一點值得注意，"銕(t'iet，d'iei)""壬""鐵"及"聽"都是純
四等韻①，它們不含介音。而"夷"卻是三等字，含有介音-j-。儘管它們最初都源自複輔音聲母
hl-，但它們演變路徑並不相同："夷"字中-j-之前的 t' 在後面的演變中消失了，而"銕"中的 t' 卻
保留了下來。

　　　　　夷　　　　　*hljid$>$t'jid$>$jid$>$i
　　　　　銕　　　　　*hlit$>$t'it$>$t'iet
　　　　　　　　　　　*dit$>$d'iei
　　　　比較：咦　　　*hjid$>$hji

　　正如"鐵(*hlit)"來源於更早的形式**hlik，"夷"和"銕"也來源於更古老的**hljik 和**hlik。
《爾雅》中以"易(*hljik)"訓"夷"，《説文》："徲，行平易也"，是用聲訓的方法作注。"徲"的聲符
爲"夷"，該訓釋中第三個字"易"和被訓字"徲"同音。

　　在解釋清楚了介音"j"之前發生的音變後，我們再來看這些在 l 前添加前綴"h-"的
例子：

　　　　577　　纍,累,縲　　*ljəd/ljwəd/ljwi
　　　　575　　維　　　　　*h-ljəd/h-ljwəd/i̯wi
　　　　1104　流　　　　　*ljəg^w/li̯əu
　　　　1077　滺　　　　　*h-ljəg^w/h-li̯əu
　　　　1151　療,燎　　　*ljag^w/li̯äu
　　　　1152　藥　　　　　*h-ljak^w/i̯ak
　　　　比較：　樂　　　　*nglak/ngȧk
　　　　　　　　　　　　　*lak/lâk
　　　　　　　　　　　　　*nglak/ngau
　　　　627m　礛　　　　　*ljam/li̯äm
　　　　617d　剡　　　　　*h-ljam/i̯äm
　　　　比較：　炎　　　　*ĥ-ljam/li̯äm
　　　　1151e　燎　　　　　*ljag^w/li̯äu
　　　　1124j　燿　　　　　*h-ljag^w/i̯äu
　　　　1119f　爚　　　　　*h-ljak^w/i̯äk

---

　　①　陸志韋稱之爲"純四等韻"，藤堂明保(Tōdō)稱之爲"假四等韻"，董同龢稱之爲"四等韻"。

在第 8 頁①引述的例子也與此相關：

猶　　* h-ljəgᵂ/i̯əu　　蜼　　* h-ljəd/iwi
　　　　　　　　　　　　　　　* ljəd/ljwi
　　　　　　　　　　　　　　　* h-ljəgᵂ/i̯əu

就算没有同源關係，如果在同一諧聲序列中出現 k 和 l 的交替，那麼我們也可以構擬出 hl-。例如：

監　　* k-lam>kam
覽　　* lam>lâm
鹽　　* hljam>i̯äm（藏語，rgyam(gryam)）②

上述例子展示了如何通過同源詞的研究來揭示史前時期的音變，以及如何通過它來構擬漢語最原始的形式。第二章我們將通過對詞族的研究來探討上古漢語的元音系統，第三章將討論與同源詞相關的輔音系統。

2. 同源詞與前《詩經》時代韻母的構擬

2.1　上古韻母之間的關係

在《韻鏡》中，不同聲調的韻被放進同一張韻圖裏。以鼻音-m、-n、-ng 收尾的字按平、上、去的順序和以塞音-p、-t、-k 收尾的入聲字相配。例如音節 kâm 的平聲"甘"、上聲"敢"、去聲"酪"和音節 kâp（頦）同處一圖。與此相反，以元音收尾的字不和入聲字同圖。例如音節 kâ，僅有平聲"歌"、上聲"哿"和去聲"箇"。

清代的語文學家曾嘗試以中古的韻爲基礎，反推上古韻部。他們驚奇地發現，上古韻部之間的關係和中古大不相同。其中有一個特點是，中古入聲韻和陽聲韻關係密切，上古則與此相反，入聲韻和陰聲韻關係更爲密切。這個現象在詩經韻腳、諧聲系統、異文和異讀中廣泛存在。顧炎武（1613—1682）把入聲韻和陽聲韻分開，而將其與陰聲韻合爲一部。

江永（1681—1762）同意上古入聲韻和陰聲韻關係密切，不過他更進了一步，認爲入聲韻在與陰聲韻相配的同時還與陽聲韻相配。他的"數韻同一入"的理論爲探討上古韻部之間的關係提供了一個新的基點。

戴震（1723—1777）繼續發展了江永的理論，他把中古含鼻音韻尾的字（在韻圖中與入聲相配）比作"如氣之陽、如物之雄、如衣之表"，把中古含元音韻尾的字（在韻圖中不與入聲相配）比作"如氣之陰、如物之雌、如衣之裹"。③

戴震對"陰"和"陽"形而上的解釋使中國語文學形成了一個傳統，就是把鼻尾韻稱爲"陽聲韻"，把元音尾韻稱爲"陰聲韻"，它們與以輔音-p、-t、-k 結尾的入聲韻相配。戴震在討論上古漢語韻部之間的關係時，使用了"相配互轉"這個術語，以此來表示兩個中古的韻在上古時期通過相同發音部位的輔音韻尾相互區分的現象。

---

① 譯者注：指德文原文的頁碼。
② Walter Simon：*Tibetisch-Chinesisch Wortgleichung*，Berlin，1930，S.22.
③ 戴震：《答段若膺論韻書》、《聲類表》。

孔廣森提出了"陰陽對轉"的説法,他説:"入聲者,陰陽互轉之樞紐,而古今變遷之原委也"①。根據他舉的例子,"陰"和"陽"之間的關係可以表示如下:

陰(-əg)			入(-ək)		陽(-əng)	
平	上	去	入	去	上	平
*t͡iəg	*t͡iəg	*t͡iəg	*t͡iək	*t͡iəng	*t͡iəng	*t͡iəng
之	止	志	職	證	拯	蒸

(中古韻目的擬音依據高本漢的體系)

正如上表所示,根據高本漢的擬音,"陰"和"陽"有着相同的主元音和同發音部位的輔音韻尾。但我們也不難發現孔廣森的體系中有一組比較特殊,即侵部(孔廣森寫作"緝")和宵部。按照高本漢的構擬,這兩部的韻母分別是-əm和-og(-ok)。

嚴可均(1762—1843)後來對這一組做了調整,他把幽部和侵部相配,把宵部和談部相配。②但按照高本漢的擬音,這兩組的配合關係都不合適,因爲它們的主元音和韻尾發音部位都不相同。

	陰	入		陽
幽部	-ôg	-ôk	侵部	-əm
宵部	-og	-ok	談部	-am

無論是孔廣森還是嚴可均,他們提出的陰陽相配理論都建立在合韻③、形聲字和聲訓之上,而没有考慮詞源關係。

2.2　作爲構擬依據的上古韻部間的同源關係

章炳麟(1869—1936)認爲侵部與幽部相配,談部與宵部相配,並用韻部之間的關係來解釋同源現象④。他用"一語之轉"來指稱那些他認爲有同源關係的詞。在《國故論衡》中,他用"正對轉""次對轉""近旁轉""次旁轉""交紐轉""隔越轉"等術語來區分同源詞間的多種語音聯繫。但是他對"對轉"這一概念的泛化使用引起了許多學者的懷疑。⑤

楊樹達在《古音對轉疏證》中把同源關係作爲判斷上古韻部之間關係依據之一⑥。董同龢在1948年出版的《上古音韻表稿》中引用了楊樹達的例子,但他完全忽視了同源關係。他認

---

① 孔廣森:《詩聲類》,第12卷,第1頁。

② 除了章炳麟外,大部分學者都不接受這樣的搭配。王力在《漢語史稿》中説這種搭配"不可信"。本文將就這個問題提出一種新的解決方案。

③ 譯者注:原文爲 unvollkommene Reime,直譯爲"不完備的韻"。我們體會作者此處的意思,應該是指上古韻文中的"合韻"現象。相同韻部的字相押是"完備的韻",如《詩經·關雎》首章"鳩洲逑"押韻,它們都是幽部字。與之相對的"合韻"是"不完備的韻",如《詩經·出車》首章"牧來載棘"押韻,其中"牧棘"是職部字,"來載"是之部字。清儒正是在對後一種現象的研究中提出的"陰陽對轉"理論。

④ 容庚:《訓詁學概論》,第185頁。

⑤ 容庚:《訓詁學概論》,第189頁。
沈兼士:《右文説在訓詁學上之沿革及其推闡》,《蔡元培先生六十五歲慶祝論文集》,第三卷,第96—154頁。

⑥ CHHP 10:2,1934,後來收入《積微居小學金石論叢》第三卷,第96—154頁。

爲"對轉"是"古代有-b-d-g或-p-t-k尾字偶與-m-n-ng尾字叶韻諧聲或假借之謂也"①。在《中國語音史》中②,他將"陰陽對轉"和"旁轉"完全局限於合韻和例外諧聲上。除此之外,他不讚成對"對轉"範疇作進一步擴大處理。

　　林語堂(1933)③和王力(1935,1958)④把"對轉"解釋爲語音流變。王力(1958)説:"'陰陽對轉'不應該理解爲一個字同時有陰陽兩讀,而應該理解爲語音發展的一種規律,即陽聲失去鼻音韻尾變爲陰聲,陰聲加上鼻音韻尾變成陽聲。"王力既没有將這種語音流變和同源詞研究結合起來,也没有在他的上古音構擬中使用詞源學方面的證據。

　　鑒於存在很多有對應關係的詞對(Wortpaar),我們完全可以排除它們是偶然相似的可能性。這個現象要麽通過語音流變來解釋,要麽通過同一詞族内的元音變換來解釋。

　　詞産生的時代一定早於造字時代或《詩經》時代。如果只有特定幾組詞不合乎規律,那麽我們完全可以用這個理由來解釋它,而不需要假定發生過進一步的語音流變。詞源關係可以幫助我們構擬詞最原始的形態。如果基於詞源關係構擬的音也存在于諧聲時代或《詩經》時代的語音系統當中,那麽我們就要想辦法確定這些音變發生的條件⑤。事實上,諧聲時代和《詩經》時代的語音系統中存在一些空格,我們在同源詞研究中發現,構擬的音正好能填補這些空格。如此則構擬音系的可靠性得到了雙重保障。如果詞源關係和諧聲時代與《詩經》時代的語音系統相合,我們就要承認,與此相關的那些音在歷經詞産生的時代、造字時代,一直到《詩經》時代,都没有發生過改變。這種情況下的詞源關係就可以看做當時語音系統的佐證。此外,詞源關係還可以作爲檢驗不同構擬方案的工具。在這種意義上,章炳麟和楊樹達找出的陰陽對轉的詞對也應該從同源關係的視角出發進行重新考慮。我們首先來考察一下章、楊二人提出的魚部和陽部的同源詞。(例子前的數字表示《漢文典》中的諧聲序列的編號)

陽部　　　　　　　　　　　　　　　　　　　魚部

章炳麟:《國故論衡》,第14頁(章氏叢書,第427頁)

742,a 亡 ＊miwang/miwang	103,a 無 ＊miwo/miu
'死亡,没有,不存在,不'	'没有,不'
742,e' 荒 ＊xmwâng/xwâng	103,1 蕪 ＊miwo/miu
'野草蔓生,廢棄'	'野草瘋長'
740,f' 旁 ＊bˈwâng/bˈwâng	771,f 溥 ＊pˈâg/pˈuo
'旁邊,廣'	'大,廣大'
《説文》以"溥"訓"旁"。	

---

　　①　董同龢:《上古音表稿》,第53頁。

　　②　參看該書第260頁。

　　③　林語堂:《陳宋淮楚歌寒對轉考》,CYYY,1933,第425頁。

　　④　王力:《中國音韻學》,第71頁,第377頁。

　　　　王力:《漢語史稿》,第105頁。

　　⑤　譯者注:原文似乎有誤,這裡説的應該是"基於詞源關係構擬的音不見於諧聲時代或《詩經》時代的語音系統當中"的情況。

雘 該字不見于《漢文典》。KYSH Nr.152，s.198 收録該字訛形"舑"，其中古音爲 ɣwâng。《説文》引《爾雅》："舑，華也"。這組詞如今寫作如下形式：

(708，a　皇　＊gʼwâng/ɣwâng
'宏偉，壯麗'

739，k　往　＊giwang/ji̯wang
'前往'

740，a　方　＊pi̯wang/pi̯wang
'開始'

改　該字不見于《漢文典》。KYSH Nr.441，s.530 收録了該字中古音 pʼi̯u，並認爲與"撫"同。

奘　該字不見于《漢文典》。KYSH Nr.496，s.589 收録了該字中古音 dzʼang。

《爾雅·釋言》中"奘"和"駔"同訓爲"大"。

嘮　該字不見于《漢文典》。KYSH Nr.788，s.939 和 941 記載了該字中古的兩個讀音：ji̯u 和 xi̯u。根據高本漢（Karlgren）的體系，這兩個讀音的上古音應該是＊gi̯wo 和＊xi̯wo。

44，a　華　＊gʼwà/ɣwa)
'花朵'。《説文》作"蕚"。

97，a　于　＊giwo/ji̯u
'前往'

102，n　甫　＊pi̯wo/pi̯wu
'開始'

103，p　撫　＊pʼi̯wo/pʼi̯u
'按壓，撫慰，拿'

46，m'　駔　＊dzʼo/dzʼuo/tsu
　　　　＊tsâng/tsâng/tsang

高本漢（Karlgren）指出 tsang 的讀音表示假借義。

章炳麟《國故論衡》第 45 頁（章氏叢書，第 442 頁）

728，a　象　＊dzi̯ang/zi̯ang
'大象'

727，j　牆　＊dzʼi̯ang/dzʼi̯ang
'墙'

699，d　迎　＊ngi̯ăng/ngi̯eng
'前往迎接，接受'

727，f　將　＊tsi̯ang/tsi̯ang
'在…之上②，將要'

739，r　汪　＊wâng/wâng
'池'

83，e　豫　＊di̯o/i̯wo
'大象'

83，h　序　＊dzi̯o/zi̯wo
'正堂兩邊南北走向的圍墙'①

788，c　逆　＊ngi̯ăk/ngi̯ɐk
'前往迎接，接受'

37，e　訝　＊nga/nga
'迎接，接受'

46，a　且　＊tsʼi̯a/tsʼi̯a
'在…之上③，即將'

97，b'　汙　＊wo/uo
'不流動的水'

---

① 譯者注：此條無書證，未必可靠。
② 譯者注：原文作"(be) on the top of"，未詳出處。
③ 譯者注：原文作"(be) on the top of"，未詳出處。

725，r 黨　*tâng/tâng　　　　　　　45，c' 睹　*to/tuo
　　章炳麟引《方言》：“黨，知也。”　　　　　　‘看’

楊樹達：《小學金石論叢》，第 131 頁
已見於章氏著作的例子不再引用

720，e 陽　*di̯ang/i̯ang　　　　　　83，a 予　*di̯o/i̯wo
楊樹達引《爾雅·釋詁》：“陽，予也。”　　　　‘給予’

699，a 卬　*ngâng/ngâng　　　　　　58，f 吾　*ngo/nguo
　　　　‘我（主格），我（賓格）’　　　　　　‘我們，我的，我們的’

725，r 黨　*tâng/tâng　　　　　　　62，e 徒　*d'o/d'uo
　　　　‘同夥人’　　　　　　　　　　　　‘跟隨者，依附者’

731，a 相　*si̯ang/si̯ang　　　　　　90，e 胥　*si̯o/si̯wo
　　　　‘相互幫助’　　　　　　　　　　　‘相互地，相助’

732，m 庠　*dzi̯ang/zi̯ang　　　　　83，h 序　*dzi̯o/zi̯wo
　　　　‘學校’　　　　　　　　　　　　‘學校’

1252，d 黽　　　/meng　　　　　　802，m 蟆　*măg/ma
　　　　‘蟾蜍’　　　　　　　　　　　　‘蛤蟆’

102，v 輔　*b'i̯wo/b'i̯u　　　　　　740，p' 榜　*păng/pɐng
　　　　‘車廂兩旁的護板’　　　　　　　　‘槳’①

楊樹達引用《説文》和徐鍇的按語，證明二者都有“弓檠”的意思。

　　陽部和魚部的密切關係在記録同一詞的不同形聲字所用聲符之間的聯繫上也可見一斑。“方”和“甫”都有“開始”的意思，“旁”和“溥”都有“大”的意思。劉師培指出“甫、誧、博、溥”和“方、旁、滂、驍”都有“大”的意思②。楊樹達指出，“䩉”是“面旁”，而“浦”是“水旁”③。他認爲“䯏”和“膀”同源④。“輔”的本義，正如高本漢《漢文典》所指出的那樣，是“車子兩旁的護板（protecting boards on sides of carriage）”⑤。“輔”作爲“幫助、輔佐”的義項，大概是從“旁（側面，附近）”引申而來的。這兩個詞並不是孤立存在的，它們和一系列詞都有親屬關係：“輔”和“補（補充、頂替）”“傅（師傅、幫助）”；“旁”和“傍（側面、附近）”“房（副室、妾）”等等。“䯏”和“膀”也屬於這一類，因爲肩膀是長在人身體兩側的。

　　和“方”與“甫”的諧聲序列平行的是“坒”和“于”。《説文》：“坒，艸木妄生也。”按照羅振玉的説法，坒是“往”的初文，從止（“趾”的初文）從土⑥。楊樹達支持該觀點，他從一篇甲骨文中

---

　　① 譯者注：原文在“榜”字後注“oar（船槳）”，疑有誤。和“輔”同源的應該爲 “所以輔弓弩”的“榜”，這個意義的“榜”字中古讀平聲。“船槳”意義的“榜”字中古讀去聲。
　　② 劉師培：《左盦外集》，第六卷，《正名偶論》，第 101 頁。
　　③ 楊樹達：《積微居小學述林》，第 11、22 頁。
　　④ 楊樹達：《積微居小學金石論叢》，第 28 頁。
　　⑤ 譯者注：高本漢的觀點應本于陳奐《詩毛氏傳疏》，陳奐認爲“輔者，即搒輿之版”。
　　⑥ 羅振玉：《殷墟書契前編》，第二卷。

找到了依據①。陳夢家指出《詩經·邶風》"燕燕于飛"，《吕氏春秋》作"燕燕往飛"，故"于"有"往"義②。"虁"和"雩"都有"花開得旺盛"的意思。根據《説文》，"虁"從"𡈼"聲，"雩"從"于"聲。"汪"和"汙"都有"池塘"的意思，而"枉"和"汙"也都有"卑鄙、不正直"的意思。類似的現象也存在于"亡"和"無"、"丩"和"且"的諧聲系列中。

此外，表格中還存在這樣的現象：魚部的字有時還有陽部的讀音（比如"駔"有 tsâng 一讀）③；與之對應，陽部的字有時也有魚部的讀音（比如"攺"有 pʼiu 的讀法）。

對於"駔"有 tsu（魚部）和 tsang（陽部）兩讀的現象，高本漢（Karlgren）（1940）解釋説："tsang 的讀音是原本讀 tsu 的字假借作一個讀 tsang 的字而産生的"。在《漢文典》中，高本漢（Karlgren）認爲"亡"字的"無"的讀音是後來産生的，並没有古代的證據④。在《漢朝之前文本中的假借字》（*Loan Characters in Pre-Han Texts*）（1963）中他認爲"亡"是"無"的假借字。他提出了一組特殊的"E 類"，命名爲"同義假借（synonym loans）"。這一組的字有如下特點：

一個本用來表示詞 x 的字被來表示一個（1）與之不同源（2）讀音與之稍微接近或完全不接近（3）但意義與之相似的詞，這個詞要麼没有本字，要麼有本字。（序號和下劃綫爲作者所加）

The character for a word x used for（1）non-cognate and（2）phonetically only slightly or not at all similar but（3）synonymous word which either had no character of its own，or else already had one.（Nummerierung und Unterstreichung vom Verfasser）

按照他的觀點，"亡"和"無"並没有同源關係，且讀音不近，二者僅僅是同義詞。

由於高本漢把陽部擬作-ang，把魚部擬作-o，因此他没能發現魚陽二部字詞之間成規律的對應關係。在他的詞族研究中，雖然他把詞按輔音韻尾歸類，並發現有着相同發音部位的輔音韻尾的詞可能存在親屬關係，但他把一部分魚部字構擬成了開音節。他認爲對開音節的詞進行比較是危險的，因爲這些詞的音節太短了⑤。正因如此，他最終没能發現魚陽二部之間的親緣關係。在《漢語詞類》（*Word Families in Chinese*）中，爲了解釋-i 尾韻詞和-n 尾韻詞之間的詞源關係，他爲-i 構擬了更古老的輔音來源-r⑥。他本可以基於同樣的理由爲"無"這樣的詞構擬一個本來存在，但在後來的演變中消失的輔音韻尾。

王力（1958）將魚部構擬爲開爲韻-ɑ，將陽部構擬爲-ɑng⑦。根據這個構擬該同源詞組的讀音如下：

無 mǐwɑ　　亡 mǐwɑng

第一眼看上去可能會把"mǐwɑng（亡）"中的-ng 看作後綴。這樣的看法也不是不可以，但由於這一組詞還和"莫（不，没有）"同源，而王力把"莫"的上古音構擬爲 mǎk，所以如果這樣的

---

①　楊樹達：《積微居小學述林》，第 192 頁。

譯者注：楊樹達依據的甲骨文爲"乙酉，卜，貞：王迄召，生來無𤰬"（《甲骨文合集》36643）。

②　陳夢家：《殷墟卜辭綜述》，第 81 頁。

③　譯者注：tsâng 疑爲 tsang 之誤。

④　《漢文典》，742，a。

⑤　高本漢：《漢語詞類》，第 58 頁。

⑥　高本漢：《漢語詞類》，第 28 頁。

⑦　王力區分前 a（歌部）和後 ɑ（魚部）。參看：王力：《漢語史稿》，第 77 頁。

話我們還必須把-k分析爲後綴。王力把所有的陰聲韻都構擬爲開音節,此外他還證明了所有陰聲韻都和陽聲韻或入聲韻都有詞源關係。把這兩點結合起來,那麼就會得出這樣的結論:在上古漢語中後綴的數量等同於輔音韻尾的數量。此外王力還爲歌部構擬了主元音 a,該部和元部(王力稱之爲"寒部")有詞源關係,而與陽部(王力構擬爲-ɑng)没有詞源關係。這樣看來,後綴-ng 只出現在 ɑ 之後,而不能出現在 a 之後;相反,-n 只能和 a 結合,而從不和 ɑ 結合。但王力爲之部構擬的主元音 ə 和爲支部構擬的主元音 e 既可以和-ng 結合(蒸部-əng 和耕部-eng),又可以和-n 結合(文部-ən 和真部-en)。

給所有陰聲韻都構擬一個輔音韻尾,爲詞源關係提供了一個簡明而統一的解釋:在同一詞族中,相同發音部位的輔音韻尾可以自由交替。

董同龢(1948)爲除歌部以外所有陰聲韻都構擬了輔音韻尾。上面討論的幾個詞在董同龢的體系中作如下構擬:

　　　　莫 mwâk
　　　　無 mi̯wag
　　　　亡 mi̯wang①

爲"無"構擬韻母-ag 支持了魚部不可二分的觀點。董同龢成功地論證了高本漢構擬爲零韻尾的那些魚部字無論是在諧聲系統中還是在《詩經》押韻中都和構擬爲-ak、-ag 的那些字有著密切的關係。

在上表中有一個很典型的例子可以證明高本漢體系的矛盾:"溥"字高本漢(Karlgren)構擬爲 *pâk 和 *p'âg②,這個字的聲符爲"尃"(高本漢構擬爲 p'i̯wo),而"尃"的聲符爲"甫"(高本漢構擬爲 pi̯wo)③。爲了將"甫"的諧聲序列分成兩組,高本漢(Karlgren)將"博"分析爲會意字,而不取《說文》中"尃亦聲"的說法。他在《說文》的分析之外另起爐竈,將"溥(*pâk 或 *p'âg)"分析爲"博(*pâk)省聲"④。儘管他用這種方法從尃的諧聲序列中分出了"溥",但他忽視了另一個因素:"溥(*pâk 或 *p'âg)"可以與"敷(*p'i̯wo)通假。高本漢没有對這個現象作出任何解釋。

從詞源學研究的角度出發,"甫"和"溥"在表示"巨大"這個意義上同源。董同龢的擬音可以很好地反映這種關係:

　　　　比較:
　　　　高本漢(Karlgren)《漢文典》　　　　102,n 甫 *pi̯wo/pi̯u
　　　　　　　　　　　　　　　　　　　　771,f 溥 *p'âg/p'ou
　　　　董同龢(1948)⑤　　　　　　　　　甫 pi̯wag　　溥 p'wâg
但是董同龢的擬音依然面臨一個問題:pi̯wag 中的 a 和 p'wâg 中的 â 是否相同呢?

和高本漢一樣,董同龢也認爲二等和三等的區別體現在元音上。他本可以通過改良高本

---

① 董同龢:《上古漢語音韻表稿》,第 165,161,170 頁。

② 《漢文典》,771,f。

③ 《說文解字》,卷十一,卷三;《漢文典》,第 102 頁。

④ 《漢文典》,771,a。

⑤ 董同龢:《上古漢語音韻表稿》,第 160,161 頁。

漢的體系使一等主元音(莫 mwâk 和溥 p'wâg 中的 â)和三等主元音(無 mi̯wag 和甫 pi̯wag 中的 a)相同。但由於他認爲喻化音節中的照₂組聲母源自非喻化音節,因此他爲"莫"、"溥"構擬了元音 â,而爲含 tṣ tṣ' dẓ ṣ 聲母的音節構擬了主元音 a。

李方桂贊同雅洪托夫(Jachontov, 1960)將二等字構擬爲含-l-的複輔音的意見,但將-l-改爲了-r-。此外他還將喻化音節中的照₂組擬爲 tsrj、ts'rj 等。這樣,他就能爲同一韻部的所有字構擬統一的主元音了。根據他的觀點,唇音後的-w-介音其實是一個受唇音影響而發生的晚起音變。他的擬音爲:

莫	mak	甫	pjag
無	mjag	溥	p'ag
亡	mjang		

他的擬音與詞源關係最爲相符。

2.3　對同源關係下通轉現象的解釋

對於同源詞的研究,存在兩種極端:一種是忽視語音系統和音變規律,而將不同韻部的詞聯繫在一起;另一種是將同源詞的研究完全限定在一套固定的音系中,而不去考慮其他的可能性。這兩種研究方法各有利弊。使用第一種研究方法,人們可以發現更多未曾發掘的同源關係,在考慮到語音系統和音變規律的基礎上,這些同源關係可以幫助我們重建古音體系。但如果對語音條件毫無限制,那麼就會造成混亂,得到的結果也不甚可信。使用第二種方法,人們須首先考慮兩個詞之間是否存在一定的語音聯繫,然後再看它們的語義是否也相關。這種研究方法當然不會對構擬的古音系統產生損益,因爲研究的出發點就是一套固定的音系。但如果這套音系本身存在缺陷,那麼這個缺陷就會在研究中重複出現,最壞的情況下,研究者可能會把沒有詞源關係但有多種義項的詞强行放入同一個框架中。

章炳麟的研究屬於第一種情況。在他的《成均圖》裏①,每個韻部都和其他一些韻部以如下方式聯繫在一起:

宵部和之部、幽部、侯部存在(旁轉)關係,和談部存在(對轉)關係,和元部(章炳麟稱之爲"寒部")存在(交紐轉)關係,和支部存在(隔越轉)關係。章氏在解釋這些通轉關係時,既沒使用音標,也不考慮語音系統和音變規律,因此他的理論給人造成一種印象,好像每個詞都可以和任意一個其他的詞產生聯繫。在《中國訓詁學發凡》中②,周法高指出,"所謂的對轉、旁轉、近轉等,其標準未免太過寬泛,幾於無不可轉,很容易牽强附會,是不合現代語言學者嚴謹的態度的。"

就同源詞組來說,有人可能會提出異議:這些詞的相似性可能完全出於偶然。每個詞都有多種義項,在上萬個有着各種義項的詞中,找出任意兩個韻部間一些語義相似的詞組並不是什麼難事。因此我們首先要考慮如何把這些偶然因素排除掉。總的來說,發現的詞組越多,偶然性就越小。此外,如果兩個詞有着多個彼此間互不相干的共同義項,那麼偶然的可能性就更小了。比如"方"和"甫"都有"開始"和"大"兩個義項,那麼它們之間偶然相似的可能性就比那些只有一個共同義項的詞對小得多。如果不是兩個詞,而是兩個詞族之間存在這種關係,那麼偶合的可能性還會進一步降低。比如詞族"方、旁、滂、髈"和"甫、誧、博、溥"都有"大"

---

①　章炳麟:《國故論衡》,《章氏叢書》,第 422 頁。

②　周法高:《中國訓詁學發凡》,《中國語文研究》,第 64 頁。

的意思,偶合的可能性幾乎可以完全排除。

　　在構擬這些同源詞對時,我們還可以利用韻文中特殊的韻脚字、諧聲系列中的例外、異體字、古文獻中的假借字、漢代經師注音等材料。這些都包含早期音變的痕迹,我們可以利用這些痕迹找出更多的同源詞對。

　　如果同源詞對以及上述材料與構擬的古音系統不合,那麽我們就要承認,這種齟齬是音變造成的。根據音系結構的對稱性和語音流變的規律性,我們可以構擬出這些同源詞更早的上古音及其上古音系。

　　章炳麟在《國故論衡》中列出的元部和宵部間的同源詞很能説明問題。上文已經提到,章氏將元部和宵部之間的關係稱爲"交紐轉",並將其歸入"變聲",以區别于"正聲"。後來在《文始》中,他放棄了"交紐轉"的提法及相關的例子。也許他本人對此并不滿意,但正如下表所示,他所舉的大部分例子還是很有説服力的。(高本漢擬音爲作者所加。)

元部	宵部
1. 266, d 蔓 * miwǎn/miwɐn	1137, g 芼 * mog/mâu
'蔓生植物;蔓延'	'野菜;搜尋;聚集(植物)'
《説文》:芼,艸覆蔓。	
2. 249, g 健 * gʰiǎn/gʰiɐn	1138, g 蹻 * gʰiok/gʰiak
'强壯'	'把脚舉高;强壯貌'
《廣雅》:蹻,健也。	
3. 140, e 榦 * kân/kân	1129, f 稾 * kog/kâu
'一種樹;幹'	'禾桿;曬乾的穀物的莖'①
4. 乹	1129, n 豪 * gʰog/ɣâu
不見於《漢文典》。KYSH Nr.723 s.844 記載了中古讀音 ɣân,其來源於高本漢(Karlgren)系統的 * gʰân(長髮)。	'豪豬;長毛動物;毛髮'
5. 140, f 翰 * gʰân/ɣân	1129, a 高 * kog/kâu
'高;雉鳥的羽毛'	'高'
6. 140, c 乾 * kân/kân	1129, k 稾 * kʰog/kʰâu
'乾燥'	'曬乾的'
	1129, a' 藁 kʰog/kʰâu
	'魚乾;乾肉'
7. 171, f 璬 * dʰiwan/dʰiwɐn	1145, a 兆 * gʰiog/dʰiäu
'玉器上雕刻的花紋'	'灼燒龜甲或獸骨時形成的裂紋'
8. 171, a 彖 * tʰwân/tʰuân	1145, v 逃 * dʰog/dʰâu
《説文》:彖,豕走也。不過該義項從未見諸文獻。	'逃跑,躲避'
9. 158, n 讙 * xwân/tʰuân	1140, a 嚻 * xiog/xiäu
* xiwǎn/xiwɐn	'喧嘩,吵鬧'
'叫喊,高興'	

---

① 《説文》:"稾,桿也"。段玉裁注:"《廣雅》、《左傳》注皆云:'秆、稾也'。"《漢文典》139, j 秆 * kân/ * kân '穀物的莖'。

10. 158，f 灌 * kwân/kuân　　　　　1164，c 澆 * kiog/kieu

'澆灌，滴落'　　　　　　　　　　　'沖淡'

11. 嚻　　　　　　　　　　　　　　1041，q 號 * gʼog/ɣâu

不見于《漢文典》。KYSH Nr.367 s.441 記載了中　'嚎叫，呼叫'

古讀音 xân 和 xuân。

12. 柬選　　　　　　　　　　　　　撟捎

a) 185，a 柬 * klan/kan　　　　　1138，j 撟 * ki̯og/ki̯äu

'選擇；分辨'　　　　　　　　　　'舉；高'

b) 433，f 選 * si̯wan/si̯wän　　　1149，x 梢 * siog/sieu

'剔除；選擇'　　　　　　　　　　'排除'

13. 偃蹇　　　　　　　　　　　　　夭撟

a) 253，g 偃 * ʼi̯ǎn/ʼi̯ɐn　　　　1141，a 夭 * ʼi̯og/ʼi̯äu

'彎下；倒下'　　　　　　　　　　'彎曲；精美的；年輕貌美的'

b) 143，f 蹇 * ki̯an/ki̯än　　　　1138，j 撟 * ki̯og/ki̯äu

　　　　　* ki̯ǎn/ki̯ɐn　　　　　'舉；高'

'跛足；困難；高'

　　　上面展示的就是章炳麟所給出的字組（最後兩組是聯綿詞）。從詞族的角度，我們也能證明這兩組字密切相關。如上表所示，2 號"蹻"、5 號"高"、12 號"撟"構成一個含有"高"這個義項的詞族，"喬""橋""翹""皋"等字也可以加入其中。與之對應，5 號"翰"、13 號"蹇"和"撟"同樣可以構成一個含有"高"這個義項的詞族。由此可見，宵部和元部的關係不僅體現在單字上，還體現在詞族上。類似的例子我們還能舉出很多，3 號"稾"、6 號"槀"和"蘽"都有義項"乾燥"，它們和"槀""藁""茭"構成一個詞族。宵部字和元部字有語義聯繫的例子，還有 6 號"乾""軒""旱""熯"和"咺""烜"。此外還有 7 號"嚻"、11 號"號""謞""嗃""譹""嗃""曉""皋""嘷""咢"和 9 號"讙""嚻（＝唤）""諠"。

　　　《說文》以"骹"釋"骭"亦可體現元部和宵部的詞源關係。除此之外，楊樹達①還舉出許多類似的例子，證明以"交"和"干"作聲符，或聲符讀音與之相近的字，有著"直立"的共同義項。這同樣也是詞族之間而非單字之間的例子。

　　　聯綿詞"斑斕"（兩個字都是元部字）也有必要在這裏說明一下。"斑"是"辡"的俗體，《說文》："辬，駁文也。""辬"和"駁"亦詞義相近，它們經常在一起使用，例見《楚辭》②。《說文》"犖，駁牛也"、"駁，馬色不純也"，可知"犖"和"駁"都有"帶斑點的"意思。如果我們接受雅洪托夫（Jachontov）（1963）的觀點③，認爲二等字上古音中含有-l-，那麼這兩組詞之間的聯繫就更加明顯了。"駁犖"可以構擬爲"plok-lok"（-ok 依據高本漢的體系構擬），"斑斕"可以構擬爲"plan-lan"④。

---

① 楊樹達：《積微居小學金石論叢》，第 66 頁和第 86 頁。

② 譯者注：《楚辭》所見劉向《九歎‧憂苦》"雜班駁與闒茸"，王逸注："班駁，雜色也。"

③ S.E. Jachontov: *socetanija soglansych v drevnekitajskom jazyke.* Trudy dvadcat' pjatogo mezdunarodnogo kongressa vostokovedov. Moskva，1963，S. 89ff. 值得注意的是，"犖"和"斕"恰好是雅洪托夫（Jachontov）所提出的規律的例外。我認爲最好用駢詞中的同化現象（Assimilation）來解釋它們。

④ 譯者注："斑斕"連言似不見於先秦古籍，譯者所找到的最早的書證是晉朝王嘉《拾遺記‧岱輿山》："有斑斕自然雲霞龍鳳之狀"。

在我們確定元部和宵部間的詞源關係之後，接下來要考慮的是兩個韻部處於上古音系的什麼位置以及它們的關係如何表現。以下是藤堂明保（Tōdō，1957）所作的上古音韻部表：

第 1 類

陰	之 əg	幽 og	宵 ɔg	侯 ug	魚 ag	支 eg
入	之 ək	幽 ok	宵 ɔk	侯 uk	魚 ak	支 ek
陽	蒸 əng	中 ong	/	東 ung	陽 ang	耕 eng

第 2 類

陰	微 ər	/	/	/	歌 ar	脂 er
入	隊物 əd, ət	/	/	/	祭月 ad, at	至質 ed, et
陽	文 ən	/	/	/	元 an	真 en

第 3 類

陰	/	/	/	/	/	/
入	緝 əp	/	/	/	葉 ap	/
陽	侵 əm	/	/	/	談 am	/

從表中不難發現，宵部缺少相應的陽聲韻。高本漢（Karlgren）把幽部構擬爲 ôg 和 ôk，把中部構擬爲 ông，把宵部構擬爲 og 和 ok，他認爲 ong（宵部所對應的陽聲韻）在《詩經》時代之前就已經和中部合流了。[1]李方桂把宵部構擬爲 -ag^w 和 -ak^w，他推測 -ang^w 併入了陽部（-ang）。[2]但是高本漢和李方桂都沒有爲他們的推測找到證據。對詞源關係的研究爲這個問題的解決提供了新思路。正如詞源關係所展示的那樣，宵部對應的陽聲韻既非中部的一部分，亦非陽部的一部分，而是元部的一部分。

如果宵部陽聲和幽部陽聲合流爲中部，那麼中部中應該有一部分字和宵部有詞源關係，另一部分字和幽部有詞源關係。然而事實上中部的字很少，少到很難説它們構成一個韻部，更不要説還要把它們分成兩部分了。鑒於中部字很少，但還是有五例和侵部相押的例子，嚴可均[3]、章炳麟[4]和王力[5]甚至把中部和侵部聯繫起來。下文將進一步討論這一點。目前我們只能説，中部和宵部間還没有發現任何詞源關係，雖然宵部和陽部間存在一些有詞源關係的字，但它們往往還和元部的字發生關係。因此對該問題的解釋還應該重新考慮。[6]

在確定宵部陽聲和元部在《詩經》時代之前就合流了之後，我們就可以以此來檢驗各家擬音，看它們能不能在音變角度爲之提供合理的解釋。我們首先來看"健"和"嶠"以及"偃"和

---

① Karlgren：*Compendium of phonetics in ancient and Archaic Chinese*. BMFEA No.26，1954，S.351.

② 李方桂：《上古音研究》，CHHP, N.S. IX，1971，第 46 頁。

③ 嚴可均：《説文聲類》，第 189 頁。

④ 章炳麟：《音論》，《中國語文學研究》。

⑤ 王力：《漢語史稿》，第 98 頁。

⑥ "亢"在"舉、高"這個義項上和"舉"（魚部）、"撟"（宵部）、"蹇"（元部）都產生了聯繫。由此我們可以得到如下詞源關係：

亢　陽部-ang　　蹇　元部-an-ang^w

舉　魚部-ag　　撟　宵部 -ag^w

由此可見唇化軟腭音和軟腭音屬於同一詞族。類似的例子還有很多。

"夭"這兩組字①：

高本漢(Karlgren)的構擬

249，g	健	*gʻiăn/gʻiɐn	'强壯'
1138，q	蹻	*gʻiok/gʻiak	'强壯的樣子'
253，g	偃	*ian/iɐn	'俯身'
1141，a	夭	*iog/iäu	'彎'

如果承認它們最初是通過同部位輔音韻尾的交替來相互區分的(就像"無 mjag"和"亡 miang")，而宵部又是在一開始就存在的，那麼就不得不承認 gʻian 和 ian 來自更原始的形式 gʻiong 和 iong。高本漢的構擬似乎預示著主元音和韻尾都一併改變了。

王力把宵部構擬爲 au 和 auk②，把元部構擬爲 an，它們的主元音都相同。

健 *gian	偃 *ian
蹻③ *giăuk	夭 *iau

把宵部陰聲構擬爲開音節，就很難解釋上面兩組字的的詞源關係，並且無法對宵部陰聲和入聲作統一處理。

李方桂(1971)把複合元音 au 的後半部分分析爲輔音韻尾，並將其構擬爲唇化軟腭音。

健 *gjan	偃 *jan
蹻 *gjakʷ	夭 *jagʷ

李氏的構擬對音變的解釋更加簡潔，因爲我們只需要承認圓唇化軟腭鼻音-ngʷ 後來變成-n 就可以了，而主元音並没有改變。

	前《詩經》時代		《詩經》時代
健	**gjangʷ	＞	*gjan
蹻	**gjakʷ	＞	*gjakʷ
偃	**jangʷ	＞	*jan
夭	**jagʷ	＞	*jagʷ

通過對宵部和元部詞源關係的考察，我們可以發現宵部和元部的一部分陰陽相配。接下來我們要研究宵部和談部的詞源關係。如前文所述，嚴可均和章炳麟都把它們看成陰陽相配的一對韻。章炳麟把宵部和元部發生關係的例子歸入"變聲"，把宵部和談部發生關係的例子歸入"正聲"，並將後者稱爲"正對轉"。換句話說，章氏認爲宵部(李方桂構擬爲 agʷ 和 akʷ)和談部(-am)的關係就類似於魚部(-ag，-ak)和陽部(-ang)的關係。既然已經確定了宵部和元

---

① 譯者注：原文作"嶠"，似乎是筆誤，從下面的表格來看應該作"蹻"。《詩經·周頌》"蹻蹻王之造"《傳》："蹻蹻，武貌"，與作者表中爲"蹻"字作的注釋 Stronglooking 相合。

② 王力將宵部分成宵部(au)和藥部(auk)。

③ 譯者注："蹻"在《廣韻》中有五種讀音，或在宵部或在藥部，其中"居勺切"一讀爲"走蹻蹻皃"，對應於上古音的藥部，作者此處所引王力擬音或據此推演。但是在《王力古漢語詞典》中，"蹻蹻"之"蹻"歸在宵部，王力主編的《古代漢語》第一册附錄三"上古韻部及常用字歸部表"中"蹻"亦歸宵部。另外，王力擬音體系中藥部爲-auk，作者所注 *giăuk 中的 ă 或爲 a 之誤。

部是陰陽相配的一對韻,那麼兩個韻部之間的詞源關係就成爲一個必須解決的問題,如果這個問題不解決,整個詞源系統就會受到質疑。

除了《説文》中的聲訓材料和文獻中的通假字外,章炳麟在《國故論衡》中還舉出下列例子:

宵部 -ag^w、-ak^w   談部-am 和葉部-ap

《國故論衡》中的例子

1121,g 潐* tsiog/tsi̯äu

《説文》:"潐,水之小聲也。"段玉裁指出"古書多瀺潐連文"。KYSH Nr.486,s.578標注其中古讀音 dzʻak,並將其釋爲"瀺潐"。

1148,k 噍* dzʻiog/dzʻi̯äu

《説文》認爲"噍"是"嚼"的異體字。"嚼"不見於《漢文典》。KYSH Nr.486,s.578標注其中古讀音 dzʻiak。

1157,g 劋* pʻiog/pʻi̯äu

章炳麟引《説文》:"劋,砭刺也。"

斛

不見於《漢文典》。KYSH Nr.298,s.369標注其中古讀音 tʻieu,並引《爾雅》:"斛謂之鏈。"二者都是農具。

鈔

《漢文典》1158,d 將"鈔"看作"杪(miog/mi̯äu)"的異體字。KYSH Nr.554,s.656 訓"鈔"爲"杪"(中古音:ʐtsʻau 和 tsʻauᶜ)。

章炳麟引《説文》:"鈔,叉取也。"

1151,n 獠* liog/lieu

撩

不見於《漢文典》。KYSH Nr.913,s.1066標注其中古讀音 lieu。章炳麟引《説文》:"撩,理也。"

《文始》中的例子

1. 高坴

1129,a 高* kog/kâu

瀺

KYSH Nr.642,s.759 標注其中古讀音 dzʻam,並將其釋爲"瀺潐"。

嚵

KYSH Nr.642,s.759 標注其中古讀音 dzʻi̯äm,並將其釋爲"小食"。

砭

不見於《漢文典》。KYSH Nr.432,s.518標注其中古讀音有兩讀,一個爲ʐpi̯äm,釋爲"以石刺病";一個爲 pi̯ämᶜ,釋爲"石針"。

鏈

KYSH Nr.291,s.355 標注其中古讀音 tsʻap。

636,b 捷

借作"插"。比較:631,b 插* tsʻăp/tsʻăp

章炳麟引《説文》:"捷,獵也。"段注指出:"謂如逐禽而得之也。"

637,e 獵* li̯ap/li̯äp

637,d 擸* li̯ap/li̯äp

章炳麟引《説文》:"擸,理持也。"

广𠪾

广

不見於《漢文典》,KYSH Nr.181,s.228標注其中古讀音有 ngi̯äm 和 ngi̯m① 兩讀。

---

① 譯者注:原文闕主元音。"广"在《廣韻》中有"魚檢切"和"魚埯切"二讀,ngi̯m 對應"魚埯切"的讀音。

垚
不見於《漢文典》。KYSH Nr.169, s.217 標注其中古讀音 ngieu。

2. 弱嫋
1123, a 弱 * ńiok/ńźiak
1123, e 嫋 * niog/nieu

3.
1163, a 釗 * kiog/kieu
　　　　 * t̂iog/tśiäu
《説文》:"釗,刓也。"但並没有文獻證據。

4. 剿
KYSH Nr.566, s.668 標注其中古讀音 tsieu。

5.
1149, j 消 * siog/siäu

6.
1149, z 稍 * sŏg/ṣau
章炳麟引《説文》:"稍,出物有漸也。"段注:"凡古言稍稍者皆漸進之謂。"

7.
1132, a 到 * tog/tâu

8.
1145, o 挑 * t'iog/t'ieu
'挑動、選擇'
在現代漢語中還有"背負"的意思。

9.
1124, j 燿 * diog/iäu

10.
1162. a 敫 * kiog/kieu
《説文》:"光景流兒。"但没有文獻證據。《廣韻》讀 *iak/yüe。

11. 弔當
1165, a 弔 * tiog/tieu

厃
KYSH s.735 標注其中古讀音 tśiäm。

冄姌
622, a 冄 * ńiam/ńźiäm
622, f 姌 * ńiam/ńźiäm
　　　　 * niam/niem

611, a 斬 * tsam/tsam

劖
KYSH Nr.642, s.759 標注其中古讀音 dẓ'am。

620, f 殲 * tsiam/tsiäm

611, f 漸 * dz'iam/dz'iäm

619, a 詹 * t̂iam/tśiäm

619, h 儋 * tâm/tâm
'背負'

�曅
《漢文典》中 682, a"煠"和 b"爆"有 * giəp/jiəp 和 * giɛp/jiäp 的讀音。KYSH Nr.800, s.955 標注其中古讀音有 jiäp 和 jiəp 兩讀。

嶂
不見於《漢文典》。KYSH s.955 標注其中古讀音爲 jiäp。

聑當
聑
不見於《漢文典》。KYSH s.280 標注其中古讀音爲 tiep。

12. 姚冶

1145，d 姚 * ḍiog/iäu   1247，a 豔？/iäm

　　章炳麟所舉的字組並非都是同聲母的，由此就產生一個問題，聲母輔音交替的界限在哪？人們可能會問，于母(jiäp 中的 ji)是否可以和喻母(iau 中的 i)交替？同樣的，照二(tṣăm 中的 tṣ)是否能和照三(tśiäu 中的 tś)交替？儘管如此，這些例子在總體上看還是可信的，並且我們還能再補充一些其他例子。

　　我們來考察一下《説文》和《廣韻》裏的例子。

　　《説文》：“訬，讀若㲋”。“訬”爲宵部字，“㲋”爲談部字。《説文》釋“㲋”爲“狡兔也”，段玉裁在他的注中指出“㲋兔，狡兔也。按狡者，少壯之意”。也就是説，“㲋”亦有少壯之意，這和KYSH(第 656 頁)中訓“訬”爲“健”正相合。《説文》説“訬，一曰訬獪”，段注引《説文·犬部》“獪，狡獪也”來釋“獪”。這樣“訬”和訓爲“狡兔也”的“㲋”再一次發生了聯繫。一個詞兼有“狡猾”和“强壯”的意思，在德語中有“kraft-kräftig”，它和英語中的“craft-crafty”同源，根據《牛津英語詞典》，從“力量”引申至“狡猾”，原本應該是一個英語中的獨特現象①。

　　　　　訬　　　tṣau<tsˈragʷ　　‘强壯，狡猾’
　　　　　㲋　　　dẓˈam<dzram　　‘年輕且强壯，狡猾’
　　　　　　　　　dẓˈam<dzriam

　　如果《説文》的注音可信，那麼就要承認，要麼是“訬”的“dzram(或 dzriam)”這個讀音丟失了，要麼是“㲋”的“tsˈragʷ”這個讀音丟失了。一個字的不同讀音在一開始一定非常相近，而兩個音義皆近的字一定有同源關係。

　　《説文》以“貪(tˈəm)”訓“饕(tˈâu)”，並指出“號”爲“饕(ɤâu)”的聲符。由於 tˈâu 和 ɤâu 的讀音相差很遠，高本漢(Karlgren)把“饕”從“號”的諧聲序列中剔除出去，且沒有爲它構擬上古音。如果我們接受本文第一章提到的“tˈ-來源於 * hl-”的觀點，那麼這個差異就很容易解釋了。“饕”有異體字寫作“叨”，《廣韻》在“叨”字頭下有“叨濫”，在“濫”字頭下有“叨噓”。此外《廣韻》訓“濫”“噓”“㜝”“憛”都爲“貪”。顯然，這四個字其實是一個詞的不同寫法。這體現了宵部和談部的詞源關係。

　　　　　　　　　濫噓㜝憛 lam　　　　　‘貪婪的’
　　試比較：　　饕叨 h-lagʷ　　　　　　‘貪婪的’
　　　　　　　　　婪 ləm>ləm　　　　　　‘貪婪的’
　　　　　　　　　貪 h-ləm>tˈəm　　　　‘貪婪的’

　　“婪”與“貪”的比較使我們想起蒲立本(Pulleyblank)提出的 ə/a 交替②。

　　要解釋-am 和-agʷ 之間的詞源關係，我們需要再看一看上古韻部表。不難發現，葉部没有與之對應的陰聲韻。换句話説，《詩經》時代没有以-ab 作韻母的音節。我們認爲-agʷ 可能來源於-ab。-ab>-agʷ 同時解决了兩個問題：一是爲什麼《詩經》時代没有-ab，二是爲什麼宵部和葉、談部有同源關係。

---

　　①　譯者注：英語的 crafty 確實有“狡猾”的意思，但德語的 kräftig 似乎並没有這個意思。
　　②　E.G. Pulleyblank: *An Interpretation of the vowel systems of old Chinese and of written Burmese.* AM，NS，Vol.X，Part 2，1963，S.220.

綜上所述,我們用下表表示這種音變:

月-at	藥-akʷ	葉-ap
歌-ad	宵-agʷ ←────────	○-ab
元-an ←────────	○-angʷ	談-am

如表中所示,-ab＞-agʷ 和-angʷ＞-an 這兩個音變造成宵部和元部與葉、談部都發生關係。這個音變發生的時間很早,在文字出現之前,或者最晚在文字使用的早期階段,這個音變就已經完成了。因此諧聲關係不能作爲構擬前《詩經》時代上古音的準則。如果我們發現一個來自於 hlab 的 hlagʷ(饕)用含有聲符"號"的字來記錄,這並不意味著所有從"號"得聲的字都來源於-ab,因爲在用"號"和"食"來造"饕"字的時候,-ab 已經併入-agʷ 了。因此不同來源的字,可能會併入同一個諧聲序列。

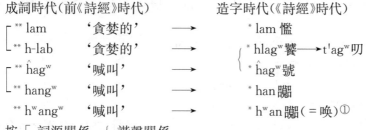

按:「:詞源關係　〔:諧聲關係

"號(h̑agʷ)"和"嚪(hangʷ)"②以及"饕(h-lab)"和"懢(lam)"的詞源關係表明,雖然"號"和"饕"有諧聲關係,但來源于不同的韻母。通過諧聲關係我們還可以確定,hl-＞t'-的音變發生在-ab＞-agʷ 之後,因爲如果 hl-＞t'-在-ab＞-agʷ 之前就發生了,那麼"號(h̑agʷ)"就不能作"饕"的聲符了,因爲"饕"在當時讀 t'ab 或 t'agʷ。"饕"字產生於 hl-＞t'-之前,而它的異體字"叨"則產生於這個音變之後。如下表所示:

	成詞時代	造字時代
'貪婪的'	** h-lab＞* hlagʷ 饕 ＞	t'agʷ 叨
'喊叫'	** h̑angʷ＞* h̑agʷ 號	

入聲字一般更加穩定,因此對於構擬來説,與入聲字的語義聯繫比單純的諧聲關係更加可靠。但我們在運用時必須要小心謹慎。如果一個入聲字假借爲一個陰聲字,那麼按邏輯推理,這個字本來一定有兩個讀音與兩個不同的義項相對應。但如果出於某種原因,陰聲韻的讀音沒有流傳至《切韻》,那麼入聲韻的讀法就對應兩個義項了。而且《切韻》的編纂者不可能一一檢驗所有的語音假借。比如如果有個讀"dzjakʷ"的字借作表示"dzjagʷ"這個詞,而"dzjagʷ"原本來源於"dzjab"。如果只有讀音"dzjakʷ"流傳了下來,那麼在研究詞源時就會得出錯誤的解釋。

這裏有一個具體的例子:《説文》認爲"嚼"是"噍"的異體字。值得注意的是,《廣韻》中"噍"只有陰聲韻的讀法,"嚼"只有入聲韻的讀法。如果這兩個字原來只是異體字的關係,那麼它們原本的讀音就應該相同。段玉裁指出,"古焦爵同部同音,唐韵乃分噍切才笑、嚼

---

① KYSH Nr.367,S.441 嚪有 xuân 和 xân 兩讀。

② 譯者注:hangʷ 應爲 hʷang 之誤。

切才爵矣"。

如果"噞(dzʼi̯äm)"和"噍(dzʼi̯äu)"、"嚼(dzʼi̯ak)"有詞源關係,那麼就可以説 dzʼi̯äu 源自 * dzʼjagʷ< ** dzʼjab①。但如果我們按照同樣的思路認爲 dzʼiak 來源於 * dzjakʷ< ** dzjap,那麼我們就要對葉部(-ap)作出解釋。問題在於,爲什麼有些-ap 變爲-akʷ,而另一些保持不變呢? 解決這個問題必須假定存在-ap>-akʷ這樣的不規則音變②,或者假定"嚼"的入聲讀法是一個誤讀③。陰聲 dzʼi̯äu 和北京話白讀音 tsiao(威妥瑪方案:chiao)相符,入聲和北京話文讀音 tsüe(威妥瑪方案:chüeh)相符。似乎文讀音 tsüe<dziakʷ 的産生是爲了保留舊有的輔音韻尾(dzʼi̯agʷ中的-gʷ),該韻尾在白讀音中早已消失了。由於-kʷ和-gʷ讀音最近,因此被用於代替-gʷ。

最後我們再來談一談葉部(-ap)和祭部(藤堂構擬爲-ad)的諧聲和詞源關係。在《漢文典》中,考慮到"蓋"在中古有兩讀(ɤâp 和 kâi),高本漢(Karlgren)將它構擬爲 * kâb。高本漢構擬了如下音變:

$$蓋 \ *kâb > *kâd > *kâi$$

這個音變模式和我們的假設不符:

$$** kab > kagʷ > kâu$$

接下來我們就來解釋這個矛盾。

高本漢(Karlgren)認爲 * kâb > * kâd 和 * nweb > * nwed(内)平行,在《中日漢字音分析字典》中他將後者解釋爲異化作用,他解釋説:"中國人不喜歡 u/w 後面跟一個唇音韻尾(the aversion of Chinese to u,w combined with a labial final)"。④但對於 * kâb > * kâd 這個音變他卻未作説明。由於在 kâb 中既没 u 又没 w,所以不能用同化作用來解釋⑤。董同龢(1948)提出"類化作用"的解釋。他説:"由 ** kâb 到 kâd 當是類化於(by analogy of)'内' ** nwəb > * nwəd 的結果。不然,-b 爲何不保持呢? 又爲何不變-g 呢?"⑥

李方桂(1971)明確指出,nwəd 中的-w-(或者 nuəd 中的-u-)是後來演變的結果,只有-b 演變成-d 之後,w(或者 u)纔得以産生⑦。李氏的解釋推翻了"異化作用"和"推平作用"成立的基礎。

正如藤堂明保(Tōdō)(1957)所指出的,和-ap 與-əp 有關的都是去聲字⑧。李方桂(1971)構擬爲-ab 的四個字也都是去聲。這顯然和上文確定的可適用於全部三個聲調的字的假設相違背。

---

① 把"噍"構擬爲 ** dzʼjab 還可以得到如下事實的支持:"噍"從"焦"聲,《説文》認爲"焦"是"雥"的省形,"雥"含有聲符"畾(dzʼâp< * dzʼəp)",由此可知"噍"曾有過收唇的讀法。

② 藤堂明保爲宵部構擬了 ɔk 和 ɔg 的讀音,並認爲它們來源於 ɔp 和 ɔb。

③ 一首漢桓帝年間的童謡中有"嚼復嚼,今年尚可後年饒",其中"嚼"和"饒"押韻,這是"嚼"讀陰聲韻的一個強證。"饒"字在《風俗通》中作"譊",在段玉裁《説文解字注》的引文裡作"饒",這些字都只有陰聲的讀法。

④ Karlgren:*Analytic Dictionary of Chinese and Sino-Ja-panese*,Paris 1923,S.30.

⑤ 譯者注:該處的"同化作用(Assimilation)"當爲"異化作用(Dissimilation)"的筆誤。

⑥ 董同龢:《上古音韻表稿》,CYYY,1948,第 40 頁。

⑦ 李方桂:《上古音研究》,《清華學報》,NS IX,1971,13,33 頁。

⑧ 藤堂明保:《中國語音韻論》,東京,1957,頁 263。

　　葉部和祭部的詞源關係最好用奧德利庫爾（Haudricourt）（1954）提出的-s詞綴假説來解釋①。考慮到-ap和-at可以相押，我們必須承認-aps被同化爲-ats②，或者-s前面的-t和-p消失了③，就像下面例子：

1)　-ap-s　　＞　　-ats

　　-at-s　　＞　　-ats

2)　-ap-s　　＞　　-as

　　-ats　　＞　　-as

由此有：

蓋	* ĥap＞râp	'遮蓋'
	* kap-s＞kâi	'遮蓋,蓋子'
	比較：藏語 gab-pa	'隱藏'
	s-gab-pa	'遮蓋'
甲	* krap＞kap	'盔甲,甲殼'
夾	* kriap＞kǎp	'壓,夾住'
介	* kriap-s＞kǎi	'在…之間,甲殼,盔甲'
	比較：藏語 kʰrab	'甲殼'
業	* ngjap＞ngjap	'工作,職業'
藝	* ngjap-s＞ngiäi	'技藝,職業'
葉	* hljap＞i̯äp	'世代,時代'
世	* s-hljap-s＞śiäi	'世代,時代'
	比較：藏語 rabs	'世代'
接	* tsjap＞tsi̯äp	'連接,接見'
際	* tsjap-s＞tsjats＞tsi̯äi	'相接處,交際'

　　富勵士（Forrest）（1961）引用最後兩個例子來證明他提出的"三種主要方言"的假説④，根據前文所述，這其實反映的是-s詞綴的形態變化，而非方言的特征。

2.4　語音演變中的平行關係

　　我們再來總結一下上一節的結論。宵部（-agʷ，-akʷ）和元部（-an）與談部（-am）都有詞源關係。一部分元部字來源於-angʷ，一部分宵部（-agʷ）陰聲字來源於-ab。一些葉部和祭部字有詞源關係，可以用-s詞綴的假説和下圖所示的同化作用來解釋：

---

　　① André G. Haudricourt：*Coment reconstruire le Chinois archaique*，Word. Journal of the Linguistic Circle of New York，Vol.10，1954，New York，S.364.

　　② Pulleyblank：*The Consonantal System of old Chinese*. Part Ⅱ.：AM9.（1962），S.234.

　　③ S.E. Jachontov：*Drevne-Kitajskij jazyk*，Moskva 1965，S.28.

　　④ R.A.D. Forrest，Harlow：*Researches in Archaic Chinese*，ZDMG 1961，S.123.

月-at　　　　　　　宵-ak^w　　　　　　葉-ap

　　　　　　　　　　　　　　　　　　　　　-aps　　→　　祭-ats

歌-ad　　　　　　　宵-ag^w　←　　　○-ab

元-an　←　　　　　○-ang^w　　　　　　談-am

　　這個基於詞源證據的方案同時可以解釋爲什麼《詩經》時代没有葉部陰聲和宵部陽聲,此外還可以解釋爲什麼和葉部字有關的字都是去聲字。類似的現象亦見於幽部(-ək^w,-əg^w)、文部(-ən)、侵部(-əm)、緝部(-əp)和隊部(-əts),幽部字也同時和文、侵二部有詞源關係,緝部字亦和隊部去聲字發生聯繫。這種現象也可以用同樣的方法解釋:

術-ət　　　　　　　幽-ək^w　　　　　　輯-əp

　　　　　　　　　　　　　　　　　　　　　-əps　　→　　隊 -əts

微-əd　　　　　　　幽-əg^w　←　　　○-əb

文-ən　←　　　　　(中-əng^w)　　　　　侵-əm

　　和宵部不同,幽部有其相應的陽聲韻——中部。嚴可均是第一個把宵部和談部、幽部和侵部聯繫起來的人,他主張把中部(他稱之爲"冬部")和侵部合併。章炳麟在統計了中部全部的 10 個聲符之後,發現"徧列其字,不滿百名,恐古音不當獨成一部。"①。他還舉出了六個《詩經》裏中部和侵部相押的例子②,並由此得出結論,最原始的時候只有侵部而没有冬部。王力(1957)認爲異化作用是-m>-ng 音變發生的條件,並爲中部構擬了 uəm(一等)、oəm(二等)、iwəm(三等)三個讀音。

　　由於這裏討論的是前《詩經》時代的情況,因此李方桂所構擬的《詩經》時代的帶複合元音的-uan 有一部分要歸入-ung,還有一部分要歸入-un。所以這裏複合元音-ua 不能被接受。從我們所見到的材料來看,中部和侵部的二等字中都不存在-rəm(rəng^w)和-riəm(riəng^w)的對立。這和談部與葉部的情況不同,依據李方桂的構擬,它們中存在-ram(-rap)和 riam(-riap)的對立。還有一個現象值得注意,純四等韻只出現在侵部而不出現在中部,但在幽部入聲和陰聲中,純四等韻都有出現(例如存在 diək^w 和 diəg^w,但是不存在 diəng^w。但與此不同,除了 diəp 外,還存在 diəm)。這讓我們作出如下推測:-iəm 和-riəm 依然保留在侵部中,但-rəm 尾韻變成了-rəng^w。一個事實可以支持這個推測:後來輕唇化了的唇音聲母字都變入中部③。

　　與此相反,未變輕唇的唇音字依然保留在侵部。按照李方桂的説法,-ji 阻止了 p->f-音變。相應地,我們構擬 pjəm 和 pjiəm,可以得到相同的結果:pjəm 變入中部,而 pjiəm 還保留在侵部④。

————————————

　　①　章炳麟:《音論》,轉引自陳新雄:《古音學發微》,第 399 頁。

　　譯者注:陳新雄:《古音學發微》原文:"餘杭章君《音論》云:'自孔氏《詩聲類》始分冬于東鍾江自爲一部,然其所旨聲母,無過冬中宗衆躬蟲戎農夅宋十類而已,徧列其字,不滿百名,恐古音不當獨成一部。'"

　　②　章炳麟舉出了 6 個例子。王力:《漢語史稿》,第 99 頁舉出了 5 個例子。藤堂明保:《上古漢語の方言》,1954,第 92 頁舉出了 7 個例子。他們統計結果的分歧在於如何確定韻例。

　　③　例外是"凡"和"汎",王力系統裏這兩個字屬於例外音變。高本漢、李方桂、董同龢、藤堂明保等學者把它們歸入談部。

　　④　李方桂將重紐三等構擬爲 jəm,將重紐四等構擬爲 jiəm。我採用藤堂明保(1957)的觀點,把重紐三等構擬爲 rjem 和 rjiem,把重紐四等構擬爲 jem 和 jiem。

	中部	侵部
二等	rəm＞rəng^w	riəm＞riəm
三等	rjəm＞rjəng^w	rjiəm＞rjiəm
四等	jəm＞jəng^w	jiəm＞jiəm
純四等	-	iəm＞iəm

即使如此，我們還是找不到一等字的演變規律。現在我們先不去討論這個問題，而將目光轉向幽部和文部的詞源關係。

2.4.1　-əng^w＞-ən

詞源關係的研究，其線索往往存在於《説文》的訓釋及特殊的諧聲關係之中，因爲這兩個是流傳至今的最古老的材料。雖然上文的研究所關注的都是比諧聲時代要早得多的時間區間，但我們依然可以找到這樣一些形聲字，它們產生於某個更保守的方言區，保留了更原始的語音特征。

《説文》將文部的"亯"訓爲幽部的"孰"①。

《漢文典》	464，a	亯 *d̂iwən/źiuěn	'煮熟的'
	1026，a	孰 *d̂iôk/źiuk	'煮熟的'，借以表示"誰"
	(1026，b	熟 *d̂iôk/źiuk	'煮熟的，成熟的，徹底地')

段玉裁在《説文解字注》中指出"凡从亯者，今隸皆作享"②。也就是説，第464號和第1026號諧聲序列需要合併。KYSH，Nr.687，s.810ff 就正確地把兩個諧聲序列合爲一個了。如果我們接受李方桂的構擬，認爲 d̂iən(= d̂jən)來源於 d̂iəng^w(= d̂jəng^w)，那麼二者的詞源關係和諧聲關係就都可以説清了。這樣我們就找到了第一組幽部和文部的同源詞：

孰　　　**d̂jək^w＞*d̂jək^w＞źiuk

亯　　　**d̂jəng^w＞*d̂jən＞źiuěn③

在《漢文典》中，高本漢(Karlgren)注意到諧聲序列464，p 敦："不知道什麽原因，被借作'彫'《詩經》和'幬'《周禮》[For phonetically obscure reasons loan for 彫(shi) and 幬(Chou-li).]"。文部字(敦)被假借做幽部字(彫、幬)的情況恰恰反映了早期兩個韻部間的聯繫。

和"敦"有關的一些詞源證據表明其原本有個唇化軟腭音韻尾。段玉裁説"'王事敦我'。毛曰：'敦厚也。'按《心部》：'惇，厚也'，然則凡云敦厚者，皆假'敦'爲'惇'"。另一方面，《説文》："竺，厚也。"《爾雅》將"篤""竺""惇"都訓作"厚"。這都體現了文部(惇、敦)和幽部(竺、篤)的詞源關係。

---

① 譯者注：《説文》："亯，孰也。从高从羊。讀若純。一曰鬻也。"從早期古文字字形來看，"孰"寫作，從亯從丮。小篆作從"亯"之形當爲後代訛形。參看裘錫圭《釋殷墟卜辭中與建築有關的兩個詞——"門塾"與"自"》。

② 高本漢在《漢文典》464，a 中亦指出："在簡化的現代字形中已和享混而不分(The abbreviated modern form has coincided with 享)。"

③ "誰"的演變與之類似：** d̂jəg^w＞* d̂jəd＞źwi。參看第10頁。

《漢文典》　　　464，n　　　惇 * twən/tuən　　　'堅實，可靠'

　　　　　　　　464，p　　　敦 * twən/tuən　　　'堅實，寬厚'

　　　　　　　　1019，f　　　竺 * tôk/tuok　　　'豐厚，寵愛'

　　　　　　　　1019，g　　　篤 * tôk/tuok　　　'窜固，堅實，可靠'①

在中古漢語中 tuən 和 tən 不構成音位對立。痕、魂、山、臻、諄、欣、文、先韻中開口（無-w-介音）和合口（有-w-介音）的對立只存在於牙喉音聲母之後。如果我們把它看做軟腭音 k-和唇化軟腭音 kʷ-的對立，那麼開口和合口的對立就可以取消了。正如李方桂（1961）所指出的那樣，tuən 中的-u-是後起的。因此我們可以把這些同源字的關係表示如下：

　　　　　惇、敦　　　　　　　 ** təngʷ > * tən > tuən

　　　　　竺、篤　　　　　　　 ** təkʷ > * təkʷ > tuok

把文部的一部分構擬爲-əngʷ，把幽部的一部分構擬爲-əgʷ、-əkʷ可以得到胡承珙的支持，他認爲《詩經》中"王事敦我"的"敦"和"督"有詞源關係，兩個詞都可以被訓爲"敦促"。高本漢（Karlgren，1942）則不同意"敦"和"督"有詞源關係，因爲它們的讀音相差太遠②。

《漢文典》　　　464，p　　　敦 * twən/tuən　　　'厚壓（《詩》及毛《傳》）'

　　　　　　　　1031，n　　　督 * tôk/tuok　　　'檢查，控制（《周禮》）'

對於這個問題，司禮義（Serruys，1959）指出：

　　　假借字常常容易會成爲一個語文學難題。一個明顯的例子是"敦：督"。雖然古書的訓釋支持這個組合，但中古音和上古音卻不允許出現這樣的假借。當沒有明確的陳述指出某個字是假借用法的時候，只有語音和詞義都比較接近纔能讓人接受這個字是另一個字的借字。但這並不意味著 * twən 和 * tôk 的假借絕無可能，畢竟依我們對上古音的了解還不足以説我們的上古音體系是唯一正確的體系③。

　　　A Chch (= chia-chieh, phonetisches Lehnzeichen, vom Verfasser) was often an easy way out of a philological problem. A glaring example is 敦：督; although a dictionary definition supports such an identification, AnC (= Mittelchinesisch) and Arc (= Altchinesisch) do not permit such a Chch. When there is no early statement on Chch usage of a character, only strict phonetic identity and at the same time a similar meaning in the text can make a Chch acceptable. Yet it dose not mean that a Chch * twən, * tôk is impossible. Our knowledge of ArC is not sure enough to say that our ArC possibilities are the only ones.

根據上述的構擬，這一組字的主元音都是 ə，並且它們的韻尾-ngʷ和-kʷ發音部位相同。因此"敦"和"督"的關係就類似於"無"和"亡"的關係。它們是同源詞而不是假借字。在今天的漢語裏依然有"敦促""督促"，這兩個詞都是"促使"的意思。

　　　　　敦　　　　　　　 ** təngʷ > * tən > tuən

　　　　　督　　　　　　　 ** təkʷ > * təkʷ > tuok

---

①　《説文》中還有"篔"字。段玉裁在《説文解字注》中指出："篔、篤亦古今字。篔與二部竺音義皆同。"

②　Karlgren：*Glosses on Kuo-feng*，BMFEA 14，1942，S.81.

③　Serruys：*The Chinese Dialects of Han time according to Fang-yen*，Berkeley and Los Angeles 1959，S.58.

《説文》：“幽，隱也”。《漢文典》中這兩個字的擬音如下：

　　　　1115，c　　　　幽 *iôg/i̯ĕu　　　　‘幽闇的，冷僻的’
　　　　449，a　　　　隱 *i̯ən/i̯ən　　　　‘隱藏，悲傷的’

這個例子也可以説明-ən來源於更古老的-əng^w。喉塞音按趙元任的建議不寫出來①。

　　　　幽　　　** jəg^w＞* jəg^w＞i̯ĕu　　　　‘幽闇的’
　　　　隱　　　** jəng^w＞* jən＞i̯ən　　　　‘隱藏’

在“悲傷的”這個意思上，“隱(i̯ən＜ ** jəng^w)”“殷(i̯ən＜ ** jəng^w)”和“憂(i̯ĕu ＜ ** jəg^w)”同源②。

　　《漢文典》　　　1017，a　　憂 *iôg/i̯ĕu　　　　‘悲痛，悲傷的’
　　　　　　　　　　448，a　　殷 *i̯ən/i̯ən　　　　‘悲傷的’
　　　　　　　　　　449，a　　隱 *i̯ən/i̯ən　　　　‘悲傷的’

在“隱藏”這個意思上，“隱”和“陳”(i̯uk＜ ** jək^w)同源。

　　《漢文典》　　　1045，c　　隩 *iôk/iuk　　　　‘隱藏，躲藏’
　　　　　　　　　　　　　　　* ôg/âu
　　　　　　　　　　449，a　　隱 *i̯ən/i̯ən　　　　‘隱藏’

這兩組證據都表明 i̯ən 來自 * jəng^w。

　　諧聲關係也可以提供有價值的線索。“媼”從“盈”聲，“媼”是幽部字，“盈”是文部字。雖然《説文》已經指明了這種諧聲關係，但高本漢卻没有把“盈”放入“媼”的諧聲序列中。高本漢也没有構擬“媼”的上古音。顯然在高本漢的體系裏，“媼”和“盈”的關係無法得到合理的解釋。但根據我們的構擬，這兩個字就可以放進同一個諧聲序列中了：

　　　　盈　　** ^wəng^w＞* wən＞uən
　　　　媼　　** əg^w＞* əg^w＞âu

《説文》“媼，讀若奥”爲我們發現更多同源詞提供了線索。

　　　　1045，c　　隩 *iôk/iuk　　　　‘隱藏，躲藏’
　　　　　　　　　　* ôg/âu
　　　　426，f　　　緼 *i̯wən/i̯uən　　　‘躲藏’
　　　　1045，a　　奥 *ôg/âu　　　　　‘堆積’
　　　　426，i　　　蘊 *i̯wən/i̯uən　　　‘累積’
　　　　1045，a　　奥 *iôk/i̯uk　　　　‘溫暖’
　　　　　　　d　　燠 *iôk/i̯uk　　　　‘溫暖’
　　　　426，c　　　溫 *wən/uən　　　　‘溫暖’

它們前《詩經》時代和《詩經》時代的讀音爲：

　　　　陳　　　　** jək^w＞* jək^w＞i̯uk
　　　　　　　　　** əg^w＞* əg^w＞âu
　　　　緼　　　　** ^wjəng^w＞* ^wjən＞i̯uən
　　　　奥　　　　** əg^w＞* əg^w＞âu

---

① Chao Yuen Ren(趙元任)：*Review of Grammata Serica*，Language Vol.XVII，19141，S.63.

② 一個字的不同義項在此處看成不同的詞，因爲一個字可能被用來表示不同來源的詞。

蘊　　　　** ʷjəngʷ＞* ʷjən＞i̯uən

奧燠　　　** jəgʷ＞* jəgʷ＞i̯uk

溫　　　　** ʷəngʷ＞* wən＞uən

2.4.2　-əb＞-əgʷ

爲了更好地確定幽部(-əgʷ)和侵部(-əm)(輯部(-əp))的關係，我們依然需要在《説文》的訓釋、假借字、異體字和《説文》的聲訓材料中尋找線索。

高本漢注意到《周禮》中"扰"被借作"舀"。據此可以推測，"舀"可能原本帶一個有圓唇色彩的塞音韻尾。這樣我們就得到了第一組同源詞："扰"和"搯"①。

656，i	扰 * təm/tə̂m	'擊，刺入'
1078，c	搯 * t'ôg/t'âu	'擊'
	(= ** t'əb＞* t'əgʷ＞t'âu)	

前一項可以加入"揕"，段玉裁在他的注中指出"揕即扰字"。後一項可以加入"擣"字。

658，e	揕 * t'i̯əm/t̂i̯əm	'擊'
1090，r	擣 * tôg/tâu	'敲擊，搗碎'
	(= ** təb＞* təgʷ＞tâu)	

唇音韻尾的"擣"和"舀"不僅和-əm 韻的字有詞源關係，它們還和一些-əp 韻字同源。《説文》："碴，擣也。"

碴	* dəp＞dâp	'(在臼中)搗'
擣	** təb＞* təgw＞tâu	'(在臼中)搗'

"蹈"和"蹋"都有"踐"的意思。高本漢在《中日漢字分析字典》中認爲"踏"和"蹋"在詞源上是相同的。但"踏"字既不見於《説文》，又不見於《漢文典》。

628，b	蹋 * d'âp/d'âp	'踩踏，踢'
	踏 * t'əp/t'ập	
1078，l	蹈 * d'ôg/d'âu	'踐踏，踩踏'
	(= ** dəb＞* dəgʷ＞dâu)	
628，b	蹋 * d'âp/d'âp	'踩踏，踢'
	踏 * t'əp/t'ập	
1078，l	蹈 * d'ôg/d'âu	'踐踏，踩踏'
	(= ** dəb＞* dəgʷ＞dâu)	

"慆"在"喜悦"這個意思上和"陶"是同源詞；二者又和"耽""媅"有親緣關係。

658，j	媅 * təm/tə̂m	'喜悦'
656，l	耽 * təm/tə̂m	'醉心於音樂，喜歡'
1047，d	陶 * d'ôg/d'âu	'和樂貌'
	(= ** dəb＞* dəgʷ＞dâu)	
1078，b	慆 * t'ôg/t'âu	'使之樂'
	(= ** t'əb＞* t'əgʷ＞t'âu)	

但上面的例子並不是説所有從"舀""壽""匋"得聲的字原本一定都來自-əb。漢字的發明

---

① 譯者注：前文寫作"舀"，後文和表格中寫作"搯"，原文如此。

是在很長一段時間内持續進行的。一個爲-əg^{w}造的字也可用來記録一個原本讀-əb,但後來已經變成-əg^{w}詞。例如“壽”,原本是爲 drjəg^{w}造的字,後來被用來記録 təg^{w}(來自 təb)。從“𠷎”和入聲字“孰”的詞源關係來看,前者不可能來源於-əb,後者更不可能。

1090, d　𠷎 * d'i̯ôg/d'i̯ə̯u　　‘誰’

　　　l　疇 * d'i̯ôg/d'i̯ə̯u　　‘誰’

　　　　(= ** drjəg^{w}> * drjəg^{w}>d̂'i̯ə̯u)

1026, a　孰 * d̂'i̯ôk/źi̯uk　　‘誰’

　　　　(= ** sdrjək^{w}> * dzrjək^{w}>źi̯uk)①

據此可以確定“𠷎”最初表示的是 drjəg^{w}這個音,在 təb 變成 təg^{w}之後,它纔用作“擣(təg^{w}> ** təb)”的聲符。

我們還能找到更多幽部和緝、侵部有詞源關係的例子。

646, c　譚 * d'əm/d'ậm　　‘説’

　　　　比較:談 * d'am　　‘説’

1048, a　道 * d'i̯ôg/d'âu　　‘説’

　　　　(= ** dəb> * dəg^{w}>dâu)

《説文》“丙(t'əm>t'ậm),讀若‘三年導服’之‘導’”,也爲“道”的唇音來源提供了證據。段《注》:“《士虞禮》注曰:‘古文禫或爲導。’《檀弓》《喪大記》注皆曰:‘禫或作道。’是今文《禮》作‘禫’,古文《禮》作‘導’。”據此可知,“道”和“導”都源自 təb,要麼這兩個字都還有 dəm 這個異讀,要麼“禫(təm)”還有 dəb 的讀音。《説文》中“丙(t'əm)”“㝅(d'əm)”“棪(di̯əm>i̯äm)”均可讀爲“三年導服”之“導”②,這表明人們寧願接受“導”有兩個讀音,而不願接受其他三個字都有兩個讀音。事實上,“導服”是一種古文在喪期結束時(禫)穿的衣服,徐鍇説“古無禫字,借導爲之。”③不管怎麼説,有一點是可以確定的,dəg^{w}來源於更早的 dəb。與此相關,章炳麟發現“味道”也可以寫作“味覃”。④

691, a　集 * dz'i̯əp/dz'i̯əp　　‘收集,組裝’

　　　d　雜 * dz'əp/dz'ập　　‘混雜’

688, b　緝 * ts'i̯əp/tś'i̯əp　　‘連接’

　　　d　輯 * dz'i̯əp/dz'i̯əp　　‘收集’

　　　　　* dṣi̯əp/tṣi̯əp　　‘聚集’

　　　e　戢 * tṣi̯əp/tṣi̯əp　　‘收集’

1092, g　揫 * dz'i̯ôg/dz'i̯ə̯u　　‘收集’

　　　　(= ** dzjəb> * dzjəg^{w}>dz'i̯əu)

---

① 聲母 sdr-將會在第三章討論。

② 譯者注:作者之説本於段注:“棪、㝅、丙讀若導服。”《説文・穴部》:“㝅,深也。一曰竈突。从穴从火,从求省。”《説文・木部》:“棪,遬其也。从木炎聲。讀若三年導服之導。”可知“㝅”读为“導服”之“導”是段玉裁的觀點而不一定是《説文》原意。

③ 引自《説文解字詁林》,第二版,第 95 頁。

④ 章炳麟:《國故論衡》,《章氏叢書》,Bd. 1,第 426 頁。

1096，o　　道 * dzʰiôg/dzʰiəu　　　　　　　　　‘收集’
　　　　　　　　 * tsʰiôg/tsiəu
　　　　　　　（ = ** dzjəb＞ * dzjəgʷ＞dzʰiəu）
　　　　　　　（ = ** tsjəb＞ * tsjəgʷ＞tsiəu）

　　據章炳麟所説，“猶（ * jəgʷ＞ * jəb）豫”也可以寫作“尤（ * jəm）豫”①。“猶”和“遒”在最開始都可能有脣音韻尾。《詩經》中“猶”“集”“咎”“道”可以押韻②。高本漢（1942）認爲“集”應該是一個錯字。但據前文所述，我們認爲這一組韻正體現了它們的脣音來源。根據詞源方面的證據已經可以確定，“遒（dzjəgʷ）”來源於 ** dzjəb，而“道（dəgʷ）”來源於 ** dəb。“猶”和“遒”聲符相同，而“猶”又和“集（dzjəp）”“道（dəb）”押韻，因此我們很容易得出它們都有韻母-əb 的結論。但到目前爲止，我們還沒找到“咎”和-əp 或-əm 韻字有詞源關係的證據。

　　如上表所示，“揫（dzjəgʷ）”來源於 ** dzjəb。它的聲符“秌”很可能也來源於相同的音，並且在“收穫糧食”這個義項上和“集”有詞源聯繫。這種關係可以參考德語 Herbst（秋天）和它的英語同源詞 harvest（收穫）。［參考：藤堂明保（Tōdō）：《漢字語源辭典》，第 209 頁。“秋”放在了基本詞義爲“壓榨、枯萎和稀薄（pressen, schrumpfen und dünn）”的同源詞下。］

667，s　　荏 * ńiəm/ńźiəm　　　　　　　　　‘柔軟’
1105，a　 柔 * ńiôg/ńźiəu　　　　　　　　　 ‘柔軟’
　　　　　（ = ** ńjəb＞ * ńjəgʷ＞ńźiəu）

　　章炳麟也曾提過，“柔弱”也做“桑弱”。
　　在後面的章節將會提到，“荏”和“柔”最初聲母中都帶“-m”。

681，g　　急 * kiəp/kiəp　　　　　　　　　　‘匆忙’
1066，h　 綹 * gʰiôg/gʰiəu　　　　　　　　　 ‘匆忙’③
　　　　　（ = ** gjəb＞ * gjəgʷ＞gʰiəu）
675，a　　合 * gʰəp/ɤâp　　　　　　　　　　‘糾集’
　　　　　鴿 * kəp/kâp　　　　　　　　　　‘鳩，鴿’
992，n　　鳩 * kiôg/kiəu　　　　　　　　　　‘糾集，鴿’④
　　　　　（ = ** kjəb＞ * kjəgʷ＞kiəu）

　　按照章氏的説法，“勼（ ** kjəb＞ * kjəgʷ＞kiəu）”和“合（亦讀 * kəp＞kâp）”表示的其實是同一個詞，它們都表示“聚集”。
　　“周”聲系字和“執”聲系字之間密切的關係很也值得我們注意。

685，a　　執 * t̂iəp/t́śiəp　　　　　　　　　‘親密的’《禮記》
1083，a　 周 * t̂iôg/t́śiəu　　　　　　　　　‘親密的’《左傳》

----

① 章炳麟：《國故論衡》，《章氏叢書》，Bd. 1，第 426 頁。
② 譯者注：指《小雅·小旻》三章。王力《詩經韻讀》據《韓詩》改“集”爲“就”，爲幽覺通韻。
③ 《説文》訓“綹”爲“急”。
④ “鴿”不見於《漢文典》。《説文》：“鴿，鳩屬。”Analytical Dictionary Nr71，S.55 和 Nr.399，S.138 把兩個字都解釋爲“鴿子（pigeon）”。“鴿”的中古讀音可參考 KYSH Nr.112，S.157。

（埶﹡strjəp＞tsrjəp＞tɕiəp）

（周﹡﹡strjəb＞﹡tsrjəgʷ＞tɕi̯ə̯u）

685，f	繄﹡ti̯əp/t̂i̯əp		'縛'（《禮記》）
1083，m	綢﹡d'i̯ôg/d̂'i̯əu		'縛住'（《詩》）

（繄﹡trjəp＞t̂i̯əp）

（綢﹡﹡drjəb＞﹡drjəgʷ＞d̂'i̯əu）

685，k	摯﹡t̂i̯əb＞tɕi		借爲'輊'（《周禮》）
413，e	輊﹡ti̯ĕd/t̂i		'馬車沉重下壓'（《詩》）
1083，i	輖﹡t̂i̯ôg/tɕi̯əu		'前重後輕(特指馬車)'（《儀禮》）

（摯﹡﹡strjəps＞﹡tsrjəts＞tɕi）

（輊﹡﹡trjəps＞﹡trjəts＞t̂i）

（輖﹡﹡strjəb＞﹡tsrjəgʷ＞tɕi̯əu）①

685，m	贄﹡t̂i̯əb/tɕi		'禮物'（《左傳》）
1083，h	賙﹡t̂i̯ôg/tɕi̯əu		'給予，救濟'（《周禮》）

（贄﹡﹡strjəps＞﹡tsrjəps＞tɕi）

（賙﹡﹡strjəb＞﹡tsrjəgʷ＞tɕi̯əu）

681，j	吸﹡xi̯əp/xiəp		'吸入'
1088，c	嗅﹡xi̯ôg/xi̯əu		'吸入，聞'

（＝﹡﹡xjəb＞﹡xjəgʷ＞xi̯əu）

倒數第三例和倒數第四例被富勵士(Forrest，1961)②引用來證明他的上古漢語三個主要方言的假説。我們引述上面的例子，是爲了説明-əb＞-əgʷ 的音變，我們認爲這是一個普遍的音變，而不是某個特定方言的特征。strjwps＞tsi 的音變體現了詞綴-s 的形態過程(morphologischer Prozess)。

2.4.3　-əps＞-əts

下面的例子展現的是緝部字由於-s 詞綴轉入隊部的情況。

695，h	納﹡nəp/nâ̯p		'收進來，輸送'
e	内﹡nwəb/nwəd/nuâ̯i		'内部，裏面，入'

（＝﹡﹡nəp-s＞﹡nəts＞nwəts＞nuâ̯i）

---

① 《小雅》："戎車既安，如輊如軒。"毛曰："輊，摯也。"《考工記》："大車之轅摯。"鄭曰："摯，輖也。"《士喪禮》："軒輖中。鄭曰："輖，墊也"。摯墊輊同字。（參看段玉裁《説文解字注》在"輖"下的注釋）

<u>KYSH</u> Nr.309，S.377 和 Nr.608，S.724 認爲"摯""輊"本一字。

② Forrest：*Researches in Archaic Chinese*，ZDMQ，1961，S.122.

512，a　　退 * tʼwəd/tʼuâi　　　　　　　　　‘退休，撤退’
　　　　　　（ = ** h-nəp-s＞* h-nəts＞tʼwəts＞tʼuâi）
695，h　　納 * nəp/nâp　　　　　　　　　　　‘收進來，輸送’
　　e　　　內 * nwəb/nwəd/nuâi　　　　　　　‘內部，裏面，入’
　　　　　　（ = ** nəp-s＞* nəts＞nwəts＞nuâi）
512，a　　退 * tʼwəd/tʼuâi　　　　　　　　　‘退休，撤退’
　　　　　　（ = ** h-nəp-s＞* h-nəts＞tʼwəts＞tʼuâi）

"退"的一個異體字寫作"衲"，包含聲符"內"。李方桂曾指出 hn＞tʼ 的音變。當"退（zurückziehen）"和"內（innen）"在詞源上產生聯繫時，我們就不能將其理解爲德語的"zurücktreten（後退）"，而應理解爲德語的"（in das Innere）eintreten［進到（裏面去）］"。［藤堂明保（Tōdō）在《漢字語源辭典》中把"突"和"出"用"向下或向上衝擊（der Stoss nach oben oder unten）"的基本詞義連接起來。］

694，a　　立 * gliəp/liəp　　　　　　　　　‘站立，登上（王位）’
　　　　　　（ = * ljəp. 比較：古緬甸語：rap ‘站立’）①
539，a　　位 * giwəd/jwi　　　　　　　　　‘位階，王位’
　　　　　　（ = ĥ-ljəp-s）
694，a　　立 * gliəp/liəp　　　　　　　　　‘站立，登上（王位）’
　　　　　　（ = * ljəp. 比較：古緬甸語：rap ‘站立’）②
539，a　　位 * giwəd/jwi　　　　　　　　　‘位階，王位’
　　　　　　（ = ĥ-ljəp-s）

ĥ-liəp-s 首先同化爲 ĥ-ljət-s。ə 裂化爲 wə 亦發生在這個階段。如果把云母構擬爲 ĥl-（或 ĥr-），那麼我們就能很好地解釋"立"和"位"的詞源關係和諧聲關係了。此外，還能解釋介音-w-的來源。

《說文》："隶，臨也。"KYSH 給出了"臨"字的三種讀音。

669，a　　臨 * bliəm/liəm　　　　　　　　　‘到達，下臨’
　　　　　　（ = * ljəm）
　　　　　隶 * ljəp＞liəp　　　　　　　　（KYSH Nr.923，S.1077）
　　　　　　* ljəp-s＞ljwi　　　　　　　　（KYSH Nr.775，S.911）
　　　　　　* ljəp-s＞lji　　　　　　　　　同上
520，b，c　苙　莅 * liəd/lji　　　　　　　‘前往監視’
　　　　　　（ = * ljp-s＞lji）

"隶"在中古漢語中發展出多個讀音，可能和方言有關。

688，d　　輯 * dzʼiəp/dzʼiəp　　　　　　　‘收集’
691，a　　集 * dzʼiəp/dzʼiəp　　　　　　　‘集合，收集’
490，m　　萃 * dzʼiwəd/dzʼwi　　　　　　　‘收集，集合’
　　　　　　（* dzjəp-s＞dzjəts＞dzjwəts）

---

①② Paul K. Benedict：*Studies in Indo-Chinese Phonology*. HJAS/1940—41, 111.

676，a　　答 *təp/tập　　　　　　　　　　　　'應答，回答'
511，a　　對 *(twəb＞)twəd/tuậi　　　　　　'應答，回覆'
　　　　　　（*təp-s＞təpts＞twəts）

685，a　　執 *t̂iəp/tśiəp　　　　　　　　　　'抓緊，持，抓牢'
　　　k　　摯 *t̂iəb/tśi　　　　　　　　　　　'抓到，抓緊，持'
　　　　　　（執 *strjəp＞tsrjəp＞tśiəp）
　　　　　　（摯 *strjəp-s＞tsrjəts＞tśi）

685，k　　摯 *t̂iəb/tśi　　　　　　　　　　　借爲'輊'（《周禮》）
413，e　　輊 *tiĕd/t̂i　　　　　　　　　　　'馬車沉重下壓'（《詩》）
1083，i　　輖 *t̂iôg/tśiəu①　　　　　　　　　'前重後輕（特指馬車）'（《儀禮》）

在"摯"通"輊"下高本漢説："'摯'很早就轉入以-d 收尾的韻部（＞t̂iĕd），因爲它可以借作"至"（《尚書》）、"致"（《周禮》）和"輊"（《周禮》）。如果我們只單獨看"摯"和"輊"，就會得出和高本漢相同的結論。但如果我們把這兩個字同"輖"的詞源關係亦考慮在内，那麼就不難看出，這三個字原本都有唇音韻尾。

《説文》訓"埶"爲"至"，KYSH 在"埶"下給出 tśiəp 和 tśi 兩種讀音。"輊"的聲符"至"在這裏又和唇音尾字發生了關係。

413，a　　至 *t̂iĕb/tśi　　　　　　　　　　'到達'
　　　　　　（= * strjəps＞tsrjəts＞tśi）
　　　　　　（* strjəps＞tsrjəp＞tśiəp）
　　　　　　（* strjəp-s＞tsrjəts＞tśi）

2.5　元音結構的對稱性及高元音裂化

在現代語言的研究中，我們發現所有語言都有對稱的元音結構。這個現象應該和語言的天然屬性有關，因此可以推測古代語言中也有類似的現象。第一個爲上古漢語構擬出對稱的元音結構的學者是李方桂（1971），他爲宵部和幽部構擬了-akʷ(-agʷ)和-əkʷ(-əgʷ)，爲真、脂（在他的體系裏包含至部和質部）、耕、支（在他的體系裏爲佳部）四部構擬了主元音 i。換句話説，他通過把 e 替換成 i，把 o 和 ɔ 替換成 egʷ 和 agʷ 的方式實現了上古漢語元音結構的對稱②。

$$i \qquad\qquad u$$
$$ə$$
$$a$$

在建立對稱的元音結構後，出現了如下兩個平行的音變：

$$*i ＞ *ia ＞ ie$$
$$*u ＞ *ua$$

---

① 對該些字上古音的最新構擬和説明參見第 75 頁和注 102（譯者注：頁碼和注均爲德文原文）。
② 李方桂：《上古音研究》，第 24 頁。

　　此外李方桂還提到一些方言中有* -ing＞-in 的音變。上述對詞源關係的研究表明,這個音變絕不是孤立發生的,前元音和央元音也應伴隨有平行的演變。

$$ ** -ing＞* -in＞-ien $$

$$ ** -ung＞* -un＞-uan $$

$$ ** əng＞* ən＞-uən/只發生在齒音聲母後 $$

　　一詞多形顯示了這個音變的方言特性。①

2.5.1　** -ing＞* -in＞-en

　　一詞多形的例子可以在《説文》中找到。《説文》以"頂(耕部)"釋"顛(真部)",又反過來以"顛"釋"頂"②。

395,m	顛* tien/tien	'頭頂'
833,e	頂* tieng/tieng	'頭頂'

　　段玉裁在《説文解字注》裏含混地把這兩個字解釋爲"異部疊韻",此外他還指出"顛倒"在《樂府》中寫作"丁倒"。這顯然是方言造成的一詞多形。段玉裁説:"《詩·周南》'麟之定',《釋言》、毛傳皆曰:'定,題也。'"(《爾雅》中"定"寫作"顁"。)③

833,z	定* tieng/tieng	'前額'(＝顁)
866,p	題* d'ieg/d'iei	'前額'

　　把"題"和其他三個字對比,我們不難發現,* dig(題)和* ting(頂、定、顁)是陰陽相配的一對韻,並且* tin(顛)來源於** ting。因此* tin(顛)和* ting(頂、定、顁)其實是一個詞的兩種形體。

　　"定"在表示"固定、定居"這個義項時和"停"有詞源關係。據鄭司農,《周禮·考工記》的"奠水"應讀作"停水(靜止的水)"④。

363,a	奠* d'ien/d'ien	T.L.	
	* d'ieng/d'ieng	L.K.	'定,放置'
	* d'ieng/d'ieng	L.	'不流動(特指水)'
833,z	定* d'ieng/d'ieng		'安定,定,停止'
h	亭* d'ieng/d'ieng		'安定'
i	停* d'ieng/d'ieng		'停止'

　　"奠"字通常歸真部,它的異讀代表了不同的方言變體。

　　"扁"字有學者歸真部(-in),有學者歸元部(-an),這個字似乎和支部(-ig, ik)的"卑""辟"

---

　　① 譯者注:"一詞多形"原文作 Dublette、Doubleformen 或 Doppelform,相當於英文的 double form,字面上可以翻譯爲"雙型"。從下文看,這個術語指的是同一個詞在不同方言中的不同讀法。從這個意義上看,該術語近似於鄭張尚芳所謂的"同源異形詞",但其内涵又稍有差別。"同源異形詞"一般用於民族語比較,而非方言間的比較。所以我們姑且用"一詞多形"來翻譯該術語。這裡的"形"並非指文字的寫法,而是指詞的讀音。

　　② 《説文》中的"槙(tien＜* tin ＜** ting '樹梢')"、《漢文典》中的"巔(tien＜* tin ＜** ting '山峰')"和"顛"表示的實際上是同一個詞。

　　③ 《爾雅義疏·釋言第二》,33 葉。

　　④ 孔廣森:《詩聲類》,第二卷,3 葉。

密切相關。"扁"和"卑"都有"低"的意思,"偏"和"僻"都有"傾斜"的意思,"踽"和"躄"都有"瘸腳"的意思。《廣雅》中以"椑"釋"區"①。王筠認爲"甀"和"甄"爲一物②。《一切經音義》中說關中稱"區匭"爲"椑遞"③。

這種現象絕非偶然,它反映了真部(-in)和支部(-ig,ik)在語音方面密切的聯繫。《説文》說"踽(bin)"讀若"苹(bing,bjing)",透露了這樣的信息:*bin 原本來源於*bing。這種配合關係廣泛存在,表明** -ing>*-in 這個音變曾在一個廣大的區域內發生。

在確定了這個音變之後,接下來我們要做的是根據諧聲和假借來找到一些-in 韻字的-ing 來源。

《公羊傳》中借"年(*nin)"爲"佞(*ning)"。《公羊傳》中的"年夫",在《左傳》和《穀梁傳》中寫作"佞夫"。《大戴禮記・公冠篇》中"遠於年"表示"遠於佞"④。含有聲符"年(*nin)"的地名"邳"據《説文》應該"讀若寧(*ning)"。段玉裁將其稱之爲"合韵"。這體現的其實是一個方言現象。這裏的"年(*nin)"無疑應該來源於**ning,並且與白保羅(Benedict,1948)所構擬的藏緬語*ning(年)相合⑤。

據徐鍇的説法,"仁"是"佞"的聲符。它也源自*-ing(*snrjing),並可與藏緬語*s-ning(心)作對比。⑥

"田(*din'田野')"是"甸(*din)"的聲符,但也可以假借作"乘(*dȋəng)"。高本漢注意到這種假借"在語音上很難講通(phonetically highly curious)"⑦。在爲"佞"字作注時,段玉裁找出《晉語》中一例"佞(*ning)"與"田(*din)"押韻的例子⑧。這表明*din 來源於*ding。按照高本漢的構擬,*ding 作*dieng 的聲符,比作*dien 的聲符更自然。漢語的*ding(田)也可以和藏語的 žing 對比⑨。把 e 改爲高元音 i,不僅可以使元音結構更加對稱,而且也可以使上古漢語和藏緬語的聯繫更加密切。

更多例子(左側爲本文的構擬):

*pig>853, v	嬖 *pieg/pieg	'寵妾'
*bjig>874, l	婢 *bĭĕg/b'jie	'奴婢,僕人'
*bjing>389, m	媌 *bĭĕn/bĭĕn	'侍女'
*bik>874, g	椑 *b'iek/b'iek	
*bjik>	*b'iek/b'iäk	'内棺(緊貼君主身體)'
*bik>853, a	辟 *b'iek/b'iek	'内棺'

---

① 王念孫:《廣雅疏證》,第七卷下《釋器》,6 葉。

② 王筠:《説文釋例》,第十二卷,33 葉。

③ 《經籍籑詁》第 141 頁、第 553 頁引"椑遞"爲"椑匭"。

④ 陳新雄:《春秋異文考》,第 166 頁。

⑤ Paul K. Benedict:*Archaic Chinese *g and *d*,HJAS,Vol.11 1948,S.200. 亦參見:Pulleyblank:*The Consonantal System of Old Chinese*. AM,Vol.IX,1962,S.133.

⑥ Benedict:*Archaic Chinese *g and *d*,HJAS,Vol.11,1948,S.199.

⑦ Karlgren:*Grammata Serica*,562,g,S.217.

⑧ 段玉裁認爲"佞"當讀*nin。

⑨ Simon:*Tibetisch-Chinesische Wortgleichungen*,Berlin,1930,S.27.

*pjing>389，i	殯 *p'ien/p'ien	'棺材'
*bing>246，d	楄 *b'ian/b'ien	'棺内墊尸體的木板'
*ming>841，b	瞑 *mieng/mieng	'閉眼，睡覺'
*ming>	*mien/mien	'困惑'
*ming>457，e	眠 *miən/mien	'睡覺'
*mjing>　　c	泯 *miĕn/miĕn	'有問題的，困惑'①
*ming>841，a	冥 *mieng/mieng	'黑暗'
*mik>	*miek/miek	'覆蓋'
*ming>247，a	丏 *mian/mien	'隱藏'②
*jik>849，c	嗌 *iek/iäk	'咽喉'
*ing>370，h	咽 *ien/ien	'咽喉'

除了 *-ing>-in，我們還能觀察到 *-ik>-it 和 *-ig>-id。這些都和方言有關。

《釋名》訓 "匹(p'jit)" 爲 "辟(p'jik)"。《釋名》中的 "辟偶" 即《白虎通》中的 "匹偶"。這反映了不同的方言變體。匹 p'jit 來源於更早的 *p'jik③。

*p'jik>	853，a	辟 *piĕk/piäk
*p'jik>*p'jit	408，a	匹 *p'iĕt/p'iĕt '配偶，一對中的一個'

《易·説卦傳》訓 "迭(*dit)" 爲 "遞(*dig)"④。二者都有 "交替(wechseln)" 的意思。這裏的 *dit 來源於 *dik。

*dik>*dit	402，k	迭 *d'iet/d'iet '交互，突入'
*dig	807，e	遞 *d'ieg/d'iei '交替，替換'
*dik>	856，d	荻 *d'iek/d'iek '突入，蘆花'
*s-ljig>	878，j	躧 *sliĕg/şie '草鞋'
*s-lig>		*slĕg/şai
*ljig>*ljid	562，a	履 *ljiər/lji '拖鞋'
*hljig>	850，a	易 *diĕg/i '容易，粗心'
*hljig>*hljid	551，a	夷 *diər/i '容易'

---

① 譯者注：原文作 trouble, confused，不知有何依據。

② 《説文》訓 "丏" 爲 "冥合"，並指出 "丏" 讀若 "瞑"。

譯者注：我們在大徐本《説文解字》的 "丏" 字下未找到 "冥合" 的訓釋，疑作者所謂 "丏" 實爲 "宀" 的筆誤。《説文·宀部》：宀，冥合也。從宀丏聲。讀若《周書》 "若藥不瞑眩"。

③ E.G. Pulleyblank：*Studies in Early Chinese Grammar*, Part 1, AM 8, 1960, S.62.

④ 轉引自《經籍籑詁》，第 969 頁。

比較：

* hling＞t'ing　　　835，a 壬 * t'ieng/t'ieng　‘好的’

* hlik＞hlit＞t'it　　1256，b 鐵 * ? /t'iet　　‘鐵’

2.5.2　 ** -ung＞ * -un＞-uan

到目前爲止，侯部（ * -ug， * -uk）和元部合口（ * -uan）的諧聲關係還未引起學者的重視。“豆”和“短”的關係要麽被忽略，要麽不被承認。高本漢（1940）把“短”剔除出了“豆”的諧聲序列，把“豆”構擬爲 * d'u，把“短”構擬爲 * twân，並且認爲後者“構形不明（explanation of graph uncertain）”。

高本漢　　　118，a 豆　　　 * d'u/d'əu　　　‘一種禮器’

169，a 短　　　 * twân/tuân　　‘短’

董同龢（1948）對於“短”字没有任何説明，藤堂明保（Tōdō，1965）不採用説文“形聲”的説法，而採用朱駿聲“會意”的分析。

侯部（ * -ug， * -uk）和元部合口（ * -uan）的諧聲關係在“唇化軟腭音聲母”的理論中才顯得重要。雅洪托夫（Jachontov，1960）爲侯部構擬了-o，-ok，爲元部合口構擬了-on。他用元音裂化來解釋 * ton＞tuan 的音變[1]。

雅洪托夫　　　豆 * dho＞dhəu

短 * ton＞tuân

蒲立本（Pulleyblank，1963）將侯部構擬爲 * -on， * -ok，而認爲 * twan 中的 wa 更古老。和雅洪托夫相反，他推測 * wa 在同化作用下變成圓唇的(w)o[2]。

蒲立本　　　豆 * dwaĥ＞doĥ

短 * twan

儘管兩位學者的解釋存在差異，但他們在一點上是統一的：“豆”和“短”的諧聲是不完美的（unvollkommen）。换句話説，他們都認爲兩個字僅僅是主元音相似。

如果只看諧聲關係，那麽這兩種解釋都有道理。但如果我們將詞源關係也納入考慮範圍，那麽他們的弱點就暴露了出來。

侯部（ * -ug， * -uk）和元部合口（ * -uan）之間不僅存在諧聲關係，還存在詞源關係。這不僅體現在諸如“猴”和“猿”、“狗”和“犬”、“數”和“算”、“溝”和“畎”、“覯”和“觀”、“叩”和“款”、“臑”和“軟”這樣的單字上，而且還體現在諧聲序列中，如关（“龠”“肴”“卷”“拳”“眷”“辇”[3]所從）和萑（“趲”“彉”“權”“ ”[4]“蓶”[5]所從），都有“彎的”這個基本意思，這和局（“跼”所從）與句

---

①　S.E. Jachontov：*Fonetika kitajskoro jazyka 1 tycja-celetlja do* n.e(labializovannye glacnye) Problemy Vostokovedenija 1960，S.112.

②　E.G. Pulleyblank：*An Interpretation of the vowel systems of old Chinese and of written Burmese* AM，NS，Vol.X，1963，S.208.

③　譯者注：疑爲“辇”之誤。《廣雅》曰：“辇、詘，曲也。”又曰：“襞、辇，詘也。”

④　譯者注：字闕。

⑤　譯者注：疑爲“蓶”之誤。“蓶”不見於《説文》。《爾雅·釋草》：“蒹、薕、葭、蘆、莢、藒，其萌蓶。”《説文》：“蓶，弓曲也。”段玉裁《説文解字注》：“爾雅曰：‘莢藒其萌蓶。’陸云：‘本或作蓶’，非。蓶，説文云‘弓曲也’。按偏旁多後人所加，作蓶者，正是古本艸初生句曲也。”

(“鉤”“笱”“跔”“拘”“朐”“翑”“痀”“耇”“絇”“軥”“枸”“刞”“苟”所从)是一樣的①。

我們再來看“懦”和“輭”的例子,高本漢(Karlgren)對二字的構擬如下:

134, e　懦　h　臑* ńi̯u/ńźi̯u　‘虚弱,柔軟’

238, a　耎　b　輭* ńi̯wan/ńźi̯wän　‘虚弱,柔軟’

這兩個諧聲序列在《漢文典》中通過聲符“而”綁定在了一起②。

《廣韻聲系》把它們都正確地放到同一組諧聲序列中(926 號),表明它們原本是有密切的語音聯繫的。結合雅洪托夫的解釋,這兩組字通過有没有-n 韻尾來彼此區分。

懦、臑　* ńi̯o>ńźi̯u

耎、輭　* ńi̯on>ńźi̯wän

根據蒲立本的構擬,這些有詞源關係的字通過不同部位的韻尾來彼此區分。

懦、臑　* ńi̯waĥ>ńi̯oĥ>ńźi̯u

耎、輭　* ńi̯wan>ńźi̯wän

根據我們在前文所做出的假設,這兩組字有著嚴格的陰陽對轉關係。它們都有高圓唇元音-u-,並且韻尾的發音部位相同。在-ng 變成-n 之後,u 才裂化爲 ua。

懦、臑　* ńi̯ug>ńźi̯u

耎、輭　* ńi̯ung>ńi̯un>ńźi̯wän

這個解釋同樣可以解釋上面兩組字的詞源關係。後高元音 u 上也發生了與前高元音 i 平行的音變。如果我們把這個解釋應用在“都”和“短”的諧聲關係上,那麼就可以說,tuân 來源於更早的* tung。通過這個方式構擬出來的上古漢語詞* tung(短)和表示相同意義的藏語詞“t'ung”十分相似。

豆　* dug>də̯u

短　* tung>* tun>* tuân

比較:西門華德(Walter Simon)Nr.229 t'ung(‘短’)= tuân

比較:逗　* dug>də̯u　‘停留’

藏語 dug-pa　‘停留’

李氏的注中把原元部的“端”訓爲侯部的“頭”。

* tung>　168, a 耑,d 端　* twân/tuân　‘尖端,末端’

* dug>　118, e 頭　* d'u/d'ə̯u　‘頭部’

這種詞源關係讓我們想起了“題”和“顛”。

---

① 楊樹達:《積微居小學金石論叢》,第 10 頁,第 40 頁。

林尹:《訓詁學概要》,第 155 頁。

Karlgren: *Grammata Serica*, Nr.108, 122, 158, 226, 1213, 1214.

② 段玉裁不同意“需”从而聲,而主張將之分析爲會意字。他同意《説文》“需,頞也,遇雨不進止盨也”的訓釋,但認爲應該分析爲从“雨”“而(遲緩)”。但他“而爲遲緩之辭”的説法卻没有什麽説服力。像“等待”這種比較抽象的行爲很難通過“會意”表示,因此這應該是一個假借字。“需”可能是爲“濡”造的字,因爲下雨而導致了潮濕(濡)。因此“而”只能分析爲一個不是很貼切的聲符(ein nicht genaues Phonetikum)。段玉裁和高本漢都認爲“耎”和“需”在形聲字中的交替是偶然的錯誤,但章炳麟認爲這是有意爲之的。(《章氏叢書》,第 1 卷,第 428 頁。)

題	*dig>diei	'額頭'
顛	**ting>*tin>tien	'尖端'
頭	*dug>dəu	'腦袋、尖'
端	**tung>*tun*tuan	'末尾、尖'

如果*tuan(耑)來自**tung,那麼就要承認"段(*dwân)"(根據《説文》,"段"从"耑省聲")也來自**dung。這可以與藏語的"rdung(捶打)"相比較。

段	**dung>*dun>*duân	'鍛打,鑄造,撕碎'
鍛	**tung>*tun>*tuân	'鍛打,鑄造,打擊'

比較:藏語 rdung-ba '用錘子打,鍛打,擊碎'①

東部和元部存在的異源同形字(Dublette)現象展現了上述音變的方言性質,正如同**-ing>*-in。

**kung>*kun	157,a	官*kwân/kuân	'官員,長官'
	1172,a	工*kung/kung	'長官'②
**k'ung	162,a	款*k'wân/k'uân	'空的,敲擊'
**k'ung	b	窾*k'wân/k'uân	'孔洞,開口'
	1174,a	孔*k'ung/k'ung	'空的'
	1172,h	空*k'ung/k'ung	'空洞,空洞,孔洞'
**k'ung	119,a	口*k'u/k'əu	'嘴'
**k'ung	108,k	敂*k'u/k'əu	'敲擊'
**k'ug	110,d	叩*k'u/k'əu	'撞擊'③
**mung>*mun	183,c	滿*mwân/muân	'滿的'
**mung>*mun	d	瞞*mwân/muân	'閉眼,被騙'
**mung>*mun	266,o	謾*mwân/muân	'欺騙'
		墁 不見於《漢文典》	'覆蓋'
		*mwân/muân	
	1181,a	蒙*mung/mung	'覆蓋,黑暗,欺騙'
	b	幪*mung/mung	'覆蓋'
	c	矇*mung/mung	'盲的'

---

① H.A.Jäschke: *A Tibetan-English Dictionary*, S.285.

② 章炳麟指出"百官"義同"百工",都表示"官員(Beamtenschaft)"。參看:《章氏叢書》,第1卷,第427頁。

③ 章炳麟還提到"敂關"義同"款關"(敲門、入侵某個國家),"款款"義同"叩叩"(忠誠、順服)。參看:《章氏叢書》,第1卷,第428頁。

		f	饛	* mung/mung		'滿的(猶指食器)'
** dzung> * dzun			153，l	攢	* dzʼwân/dzʼuân	'收集'
** dzung> * dzun			131，p	菆	* dzʼwân/dzʼuân	'收集木材'
** dzjug>			131，k	聚	* dzʼiu/ * dzʼiu	'收集，一起帶來'
			1178，a	叢	* dzʼung/dzʼung	'收集'
** tsug> * tsud			325，d	最	* tswâd/tsuâi	'收集，積累'
			1229，b	湊	* tsʼug/tsʼəu	'一起來'
			1206，a	族	* dzʼuk/dzʼuk	'種族，家族'
** tsung> * tsun			153，g	酇	* tswân/tsuân	'一百家'

2.5.3　** -əng> * -ən>-uən/齒音聲母後

-əng> * -ən 的音變顯示了之部(-əg)和文部(-ən)的詞源關係。楊樹達(1935)①提出了四例諧聲、一例異體字、五例異文、一例聲訓和二十五例同源詞組來證明兩部之間的關係。

一個很典型的例子是"存"和"在"。《說文》"在，存也"，"存"和"在"都從"才"聲。

$$ 943，i \quad 在 \quad * dzʼəg/dzʼậi \qquad '存在' $$
$$ 432，a \quad 存 \quad * dzʼwən/dzʼuən \qquad '存在' $$

就像李方桂所指出的那樣，文部開口和合口不存在對立。-w-介音是元音裂化的產物。它們的詞源關係可以通過承認-ən 來源於-əng 而得以解釋。下面展現的是這一組字的音變過程：

$$ 在 \quad * dzəg>dzʼậi $$
$$ 存 \quad ** dzəng> * dzən>dzuən $$

這同樣適用於：

$$ 孲 \quad * dəg>dậi \qquad '遲鈍' $$
$$ 鈍 \quad ** dəng> * dən>duən \qquad '遲鈍' $$
$$ 特 \quad * dək>dək \qquad '遲鈍'(不見於《說文》) $$

$$ 倫 \quad ** ljəng> * ljən>liuen \qquad '類，原則' $$
$$ 理 \quad * ljəg>lji \qquad '原理，原則' $$

軟腭音後沒有發生元音裂化，因爲這樣的裂化會不可避免地和唇化軟腭音融合。

$$ 荄 \quad * kəg>kậi \qquad '根' $$
$$ 根 \quad ** kəng>kən \qquad '根' $$

$$ 喜 \quad * xjəg>xji \qquad '歡喜' $$
$$ 欣忻訢 \quad * xjəng>xiən \qquad '歡喜' $$

唇音之後不分開合口。一般認爲，u 介音是在唇音聲母影響下產生的。

$$ 畐 \quad * bjək>biuk \qquad '滿' $$
$$ 憤 \quad ** bjəng> * bjən>biuən \qquad '充滿憤怒' $$

---

① 　楊樹達:《積微居小學金石論叢》,第148—154 頁。

剖　　p'əg＞p'əu　　　　　　　　　　　　　'切開'

副　　* p'jiək＞p'i̯ək　　　　　　　　　　'分開'

分　　** pjəng＞* pjən＞pi̯uən　　　　　'分開'

踣　　* b'ək＞b'ək

　　　* p'əg＞p'əu　　　　　　　　　　　'倒仆'

債　　** pjəng＞* pjən＞pi̯uən　　　　　'倒仆'

模　　* mjəg＞mi̯u　　　　　　　　　　　'撫摸,持'

捫　　** məng＞* mən＞muən　　　　　　'撫摸'

墨　　* mək＞mək　　　　　　　　　　　　'墨水,黑'

黑　　* h-mək＞xək　　　　　　　　　　　'黑'(《説文》:火所熏之色也。)

煤　　* məg＞muɑ̂i　　　　　　　　　　　'煤灰'

灰　　* h-məg＞xuɑ̂i　　　　　　　　　　'灰塵,焦炭'

晦　　* h-məg＞xuɑ̂i　　　　　　　　　　'黑暗'

昏　　** h-məng＞hmən＞xmuən＞xuən　　'黑暗'

熏　　** h-mjəng＞hmjən＞hmjuən＞xi̯uən　'熏'

概念隐喻的新成果：拓展概念隐喻理论研究述评 *

湖南交通职业技术学院　刘立立
湖南师范大学　唐燕玲

内容提要　概念隐喻理论(conceptual metaphor theory,简称 CMT)是认知语言学的奠基性理论,经历了长足发展,成果丰硕,亦受到挑战。Kövecses(2020)结合隐喻研究的发展现状和面临的挑战,在对 CMT 的研究成果进行全面评介的基础上,对其进一步深化、完善、拓展和补充,构建了"扩展概念隐喻理论(extended conceptual metaphor Theory,简称 ECMT)",建立了概念隐喻的多层观和动态观,有效地延展其研究范围。文献检索表明,当前对 ECMT 进行评介的论文尚不多见,本文简要梳理了 CMT 的发展脉络,探究了拓展概念隐喻理论的理论框架,并从"精确拓展、纵向拓展、全面拓展"的三维路径对其进行了评述。

关键词　概念隐喻理论(CMT);拓展概念隐喻理论(ECMT);研究述评

1. 概念隐喻理论发展概要

概念隐喻理论由 Lakoff 和 Johnson 于 1980 年在 *Metaphors We Live By* 一书中首次提出,随后在 The Contemporary Theory of Metaphor(Lakoff 1993)一文中得以系统阐述。通过揭示隐喻的普遍性,两位学者明确指出,隐喻不仅存在于语言中,也根植于人们的概念系统(conceptual system)中,实现了语言与思维隐喻性的高度统一(严莉莉 2018),传统隐喻学研究由此出现了认知转向。概念隐喻被界定为"从始源域向目标域发出的,系统的、部分的、不对称的结构映射",其本质为"通过甲事物来理解乙事物"(Lakoff 和 Johnson 1980:4),即人们通常通过熟悉的、具体的范畴概念来理解和解读陌生的、抽象的范畴概念。Kövecses(2020)将其解读为:人们在理解某个域时会受到某个特定概念隐喻的引导(guided);人们会利用某个特定概念域里的影响和作用(implications)将其运用到其他域的推理(reasoning)过程中;在隐喻表达的生成和解读的实时过程(online process)中,隐喻激活了源域和目的域概念。可见,概念隐喻的定义既强调了隐喻的认知过程(即两域之间的映射过程),又强调了认知的结果(即形成的概念模式)。

近年来,随着隐喻的认知功能受到重视,隐喻研究已经构成了一门专门的学问——隐喻学(束定芳 2000)。随着概念隐喻研究的纵向深入,学者们对隐喻的认知本质和认知功能进行了深入细致的研究,并达成了广泛共识,如:概念隐喻是一种建构和再建构(structuring and restructuring)以及创造现实(create reality)的概念工具(Kövecses 2020:1);隐喻是人类将其在某一领域的经验来说明和理解另一领域的经验的认知活动(束定芳 2000:28);概念隐喻是

---

　*　湖南省社科基金项目:认知视域下的英汉疑问词构式研究(19YBA233);湖南省研究生科研创新项目:基于语料库的英汉违实条件句的认知对比研究(CX20220483)。

内嵌于人们心智中的一种认知机制，在其统摄下才形成了对应的隐喻性表达式（王天翼、王寅 2018）。可以说，概念隐喻理论为具身体验、语言、思维和文化间的互动提供了诸多重要的启示，极大地促进了认知体系中隐喻研究的全面融合。

参照张松松（2016）关于概念隐喻理论发展三阶段的划分，笔者将概念隐喻理论的发展脉络大致梳理如下：

1. 1980—1993 年：理论创立期。在这一时期，概念隐喻理论得以创立、传统隐喻研究发生认知转向，开始强调隐喻的概念性及其体验基础，奠定了概念隐喻的理论基石。代表作为 *Metaphors We Live By*（Lakoff & Johnson 1980）。

2. 1993—1999 年：理论修正期。在这一时期，学者们一方面通过实证研究等研究方法不断充实概念隐喻的理论基础和研究成果，如 Gibbs（1994）；另一方面通过厘清理论中的一些关键概念，进一步修正理论。如 Lakoff（1993）在 The Contemporary Theory of Metaphor 一文中对概念隐喻理论的研究范式进行了修正，试图解决"始源域中哪些概念成分可以映射到目标域"这一重要问题，提出了著名的恒定原则（invariance principle）；针对"恒定原则"的矛盾之处，Grady（1997）又提出了基本隐喻理论（primary metaphor theory），将隐喻分为两种基本类型：基本隐喻和复合隐喻。Grady 认为抽象和具体不是区分两域的标准，标准应为主观性程度（degree of subjectivity）（Evans 2006：304），而经验的相关性（experiential correlation）是基本隐喻形成的动因或经验基础。

3. 1999 年后：理论发展期。针对概念隐喻理论发展过程中浮现的一些问题，学者们提出了不同的理论和思路，极大地丰富了概念隐喻理论的成果，同时也促进了概念隐喻理论的跨学科发展。其中具有代表性的有：Lakoff（2008）的神经隐喻理论；Fauconnier 和 Turner（1996）的概念合成理论；Gibbs（2016）的混合隐喻、Steen（2008）的蓄意理论等。

梳理概念隐喻理论形成、完善和发展的总体脉络，我们发现，这一理论作为认知语言学研究范式中影响力最大、应用面最广、成果最丰硕的理论框架之一（彭志斌 2021），其提出解释了隐喻作为思维本质的属性（张馨月 2021），充分体现了认知语言学的学科本质，也促进隐喻的跨学科研究（李福印 2005），因而受到了国内外诸多学者的持续关注，一直是学界的研究热点。但近年来，针对其理论研究范式、语料来源真实性等问题，学者们亦通过自己的研究对其进行了充分的补充和修正。其中，Kövecses（2020）出版了专著《拓展概念隐喻理论》，书中作者结合隐喻研究的发展现状和面临的挑战，在对"标准概念隐喻理论"的研究成果进行全面评介的基础上，对其进一步深化、完善、扩充，构建了"扩展概念隐喻理论"的主体研究框架，建立了概念隐喻的多层观和动态观，使之能够兼顾概念隐喻的经典问题和新兴话题，有效地延展了其研究范围。

经过文献检索，笔者发现，系统评介拓展隐喻理论的文章尚不多见，其中发表在核心期刊以上的论文仅有两篇（彭志斌 2021；张馨月 2021），未成体系。本文拟以此为突破点，在简要介绍拓展隐喻理论框架的基础上，对其进行总体评述，最后针对这一理论的不足之处以及后续研究思路稍作阐释，旨在丰富这一方面的研究成果。

2. 拓展隐喻理论框架

Kövecses（2020）首先对传统概念隐喻理论（下文简称 CMT）的基本主张、发展现状和面临的挑战进行了全面概述，并针对学界对其批判的几大焦点，有的放矢地提出了五大研究问题：一、语言中是否存在字面义（literal）和比喻义（figurative）之分？二、基本隐喻是直接产生于身体体验还是存在转喻基础？三、概念隐喻是发生在哪个层级的概念结构之中的？四、概念隐喻是否能在语境中生成和理解？五、隐喻义的产生是离线加工还是在线加工？全书的主体部分分章论述，分别对这五大问题做出了充分的阐释和详尽的分析，指出了理论"扩展"的必要性，构建了拓展概念隐喻理论（下文简称 ECMT）的主体框架。

2.1　隐喻的基础：字面性或隐喻性？

作者首先探讨了具体概念和抽象概念这一组 CMT 中经典术语的理解方式。一般来说，根据 CMT 的定义，抽象概念是用隐喻方式理解的，而具体概念是用字面义理解的，那么能否用隐喻的方式理解具体概念呢？换言之，概念隐喻中的目标域是否一定是由抽象概念组成，源域一定由具体概念组成呢？隐喻一定是由源域到目标域的单向投射吗？为了阐释这些问题，作者进一步挖掘了语言中"隐喻性"（figurativity）的实质。作为 CMT 的基底性概念之一，隐喻性是 CMT 的价值基础，亦是 CMT 中区分具体概念和抽象概念、源域和目标域的重要依据。然而，隐喻性的界定既可以基于理解方式，也可以基于形态标记，两者混淆在现有研究中（张馨月 2021）。为此，Kövecses 提出了一个统一的界定框架：基于历时和共时视角，均将"是否通过概念隐喻理解"作为界定隐喻性的唯一标准。在该视角下，隐喻性取代字面性（literalness）成为了语言的本质属性，是具体和抽象概念的共有属性，而非两者的区别。

CMT 的基本主张是，抽象概念就是通过具体的、实在的概念来概念化的，因为具体概念能够以字面意义进行理解，即通过直接的、实体（physical）经验进行理解，但是抽象概念则不可以。Kövecses（2020）的研究提出具体概念和抽象概念的真正区别取决两方面因素：一是概念中本体部分（ontological part）和认知识解部分（cognitive-construal part）的比例；二是概念化主体对某一部分的"凸显"（profile）。也就是说，抽象和具体概念都可以通过隐喻的方式来理解的，比喻性（修辞性）不是区分具体和抽象概念的唯一标准，比喻性只是程度问题。由此看来，CMT 中假定的，隐喻就是从源域（具体概念）到目的域（抽象概念）的单向映射的主张便遭到了质疑。

2.2　隐喻的产生：直接或间接？

在 2013 年 The metaphor-metonymy relationship：correlation metaphors are based on metonymy 一文中，Kövecses 首次深入探讨了隐喻和转喻的区别、隐喻的生成是否有转喻基础等问题。2020 年的专著中收入了此文，作为全书的第三章。通过探讨转喻和隐喻的区别这一经典论题，作者聚焦了主要隐喻（primary metaphor or correlation metaphor）的浮现过程。作者发现，在许多实例中，对概念隐喻浮现过程的阐释既可以是直接的、基于具身体验的，也可以是间接的、基于转喻的。作者主张从概念系统这一宏观视角着眼，通过考察概念系统的特点，即有层级性，由基于框架的概念组成，是动态的、具身的，来有效区分隐喻和转喻。作者认为，概念隐喻的生成过程是"抽象化（generalization）""具体化（elaboration）"等认知机制沿概念系统不同结构维度上的操作结果。因此，许多基本隐喻都是具有转喻基础，而不是直接来源于我们的身体体验的。

2.3　隐喻的层次：域，图式，框架或空间？

关涉概念结构的术语众多繁杂，各种定义界限模糊，存在术语混乱（terminological confusion)的问题,导致概念隐喻理论缺乏理论明晰性(彭志斌 2020)。这反映出一种深层的理论、概念层面的两难局面(theoretical-conceptual dilemma)(Kövecses 2017)。也就是说,在概念隐喻的形成过程中,人们往往难以界定其合适的概念单位。为此,作者提出了隐喻的多层观(Multi-Level View)。在 Levels of Metaphor 一文中,Kövecses(2017)首次提出并阐释了"概念隐喻的多层观",又在 2020 年出版的 *Extended Conceptual Metaphor Theory* 一书中将其进一步细化、充实。作者认为,我们的概念系统由具有不同图式性(schematicity)的概念结构组成,正是这些概念结构相互作用,形成了层级组织(hierarchy),组织并构建了我们的概念系统。概念隐喻的生成涉及多种概念结构,可同时发生在意象图式(image schema)、概念域(domain)、框架(frame)和心智空间(mental space)等概念层面上。通过探讨几大概念结构的相关性,作者将研究结论运用到概念隐喻理论中,并进一步以建筑(BUILDING)源域为例,探究了概念隐喻在不同层级的概念结构中的具体呈现方式。

　　作为拓展概念隐喻理论的主要研究成果,概念隐喻的多层观是一种全局观、大局观,为研究者们提供了一个全新的 CMT 研究框架。笔者认为,通过厘清术语的模糊性,强调隐喻生成的动态性和实时性,提高隐喻描写的全面性、系统性和精确性,拓展隐喻理论在一定程度上弥合了概念隐喻研究方法上的分歧,为不同研究视角及方法构建了统一互补的理论框架,因而对隐喻研究的经典问题和新兴话题均具有较强的解释力。

2.4　隐喻的形成:概念性的或语境性的?

　　CMT 注重"认知域"等概念层面(conceptual)的认知操作,往往忽视了语境因素在隐喻形成中的作用,或者说,隐喻在心理空间(mental space)层面的实现尚未得到重视。扩展理论则有针对性地提出了概念隐喻的语境机制,对语境在隐喻概念化过程中的作用做出了宏观、系统的解读,认为隐喻不仅是概念性的也是语境性的。语境在广义上可以划分为两种类型:局部语境(local context)和全局语境(global context),又可进一步细分为四类语境:情境语境(situational context)、语篇语境(discourse context)、概念认知语境(conceptual-cognitive context)和身体语境(bodily context)。语境形成触发(priming)作用,建立概念路径(conceptual pathway),影响使用者的最终隐喻产出。概念隐喻的多层结构也会受到语境的影响,其中,语境因素对心理空间层面的影响是最强烈、最直接、实时的,而其他层面(意象图式、域、框架)的隐喻结构所受的语境影响则是延时的。不同的语境类型和其中包含的语境元素会触发概念化者(conceptulizer)无意识地选择会话中的隐喻,而触发作用发生的基础则是说话者和听话者能够在目标域和特定的经验内容中建立合适的概念通道(conceptual pathway)(Kövecses 2021:116)。

　　总之,在其他概念结构的层面也会受到语境的影响,在隐喻化意义的生成过程中,语境是不可避免(unavoidable)的一个要素,隐喻的语境性和概念性是交织在一起(inextricably bound)、缺一不可的(Kövecses 2020:177),而语境成分的扩展进一步完善了对概念隐喻的认识,揭示出概念隐喻可能具有多样化的体验基础(张馨月,2020)。

2.5　隐喻的机制:离线的或在线的

　　近年来,学界对 CMT 的主要批判之一是它不能解释真实话语中隐喻语言的实时意义,因为 CMT 多关注意象图式、认知域、框架等非语境层面的、储存于长时记忆中的隐喻现象,而忽视了心理空间层面发生的隐喻现象。而要了解更为丰富、具体的隐喻意义,我们必须充分关注发生在心理空间中的实时意义构建和真实语篇中隐喻表达的语义工作机制(Kövecses 2020:117)。在 CMT 中,概念隐喻是"离线"(offline)认知机制,工作在长期记忆(long-term memory)中,仅限于阐释脱离语境的隐喻意义。而在 ECMT 中,概念隐喻既是离线机制,是在线(online)机制。离线概念结构(意象图式、域、框架)与在线结构(心智空间)之间存在着系统性关联,因此可以参与在线认知加工的过程,辅助隐喻表达的产出和理解。该工作模式增强了概念隐喻理论的解释力,能够为混合隐喻(mixed metaphor)等新兴隐喻现象提供较为合理的阐释。最后,Kövecses 还对比了概念隐喻理论和概念整合理论,认为不应该以竞争视角审视两者,而应通过其互补进一步充实、丰富隐喻的概念化研究系统。

3. 拓展概念隐喻理论述评

作为 CMT 的全新研究成果,ECMT 在传承传统理论丰硕成果的基础上,为隐喻研究开创了一个全新的整合研究范式、为隐喻研究者们打开了全新的思路。笔者认为,其主要价值体现在以下几个方面。

3.1　充分继承,精准拓展

Kövecses 深耕概念隐喻研究 40 余年,对 CMT 的研究系统、深入,研究成果十分丰硕。其专著 *Metaphor:A Practical Introduction*(2010)对隐喻的定义、常用的源域和目标域、隐喻的种类、隐喻的实现方式、隐喻的基础、隐喻映射的本质、隐喻和转喻、隐喻和融合、会话中的隐喻等重要内容均进行了广泛而深入的探讨,被 Evans 誉为"一本关于概念隐喻理论的实用的、全观类介绍"(Evans 2006:322)。可见,拓展概念隐喻理论是在对 CMT 进行充分考察、仔细研究、深入挖掘的基础上提出的。比如针对其"单向映射"的问题,提出"隐喻性"的评判标准;针对其概念结构的混杂性,提出"多层观"的解决方案;针对隐喻和转喻的区分问题,提出"基本隐喻的生成也有转喻基础";针对 CMT 忽视隐喻生成中的语境因素的问题,提出"要注重语境的触发作用";针对 CMT 语料来源不清的问题,提出"隐喻意义的在线加工机制",考察日常会话中的真实语料。可见,作者在全面剖析 CMT 的理论成果和研究不足的基础上,重点针对 CMT 理论中的不足进行了精准拓展,从而有效夯实了 CMT 的理论基础,完善了 CMT 的理论架构。

3.2　深度融合,纵向拓展

纵观 ECMT,不难发现,该理论虽是对 CMT 进行的拓展,但作者的视角并未局限于隐喻理论,而是借鉴了许多认知语言学的经典理论,博采众长,在深挖各个经典理论深义和理据的基础上,将其进行深度融合。比如在论述"隐喻性"的问题上,作者提出将抽象概念和具体概念都有"本体"和"认知"两部分,前者界定一个概念中的实体组成部分,后者决定概念在认知上的识解方式。它们的区别仅在于两部分间的比例不同,所以两种概念都是具有隐喻性的。这一观点的凝结就是基于 Langacker(1987,2008)关于概念的实体部分和识解部分的区分。又如提出概念隐喻的"多层观"时,作者亦是充分借鉴了多位学者关于概念结构和概念系统的研究成果(Lakoff 1987;Langacker 1987;Rosch 1978),从而发现了指涉概念结构的术语混乱的问题，并进一步指出，这一问题反映的深层问题是：人们在概念和理论层面的混乱。在此基础上，作者提出隐喻的多层观，即每一个隐喻同时存在于"意象图式隐喻""认知域隐喻""框架隐喻"和"心理空间隐喻"等概念层面，这些具有不同的图式性的概念结构层面共同形成一个相互关联的层级、成为隐喻形成的概念通道（conceptual pathway）。此外，Kövecses 还将隐喻研究和认知语法的研究成果进行了融合，认为我们的概念系统是由结构性的概念组织和一套认知操作机制构成的。认知操作机制除了隐喻转喻外，还应包括来自认知语法的"概括（generalization）"和"阐释（elaboration）"，这四种认知操作机制的结合，能够解决隐喻和转喻的区分难题。

3.3　有机整合，全面拓展

梳理拓展概念隐喻的理论框架，我们发现，一方面，ECMT 整合了概念隐喻中的认知（概念）成分和语境成分，从"意义类型""概念结构""记忆类型"和"本体地位"等四个维度对经典 CMT 进行了全方位的拓展。全书归纳了三种隐喻意义类型，即基本意义（meaningfulness）、脱离语境意义（decontextualized meaning）和语境意义（contextualized meaning）；整合了四种概念结构，意象图式（image schema）、概念域（domain）、框架（frame）和心理空间（mentalspace）；探讨了两种记忆类型，长期记忆（long-term memory）和工作记忆（working memory）；挖掘了三种本体地位，超个体层面（supraindividual）、个体层面（individual）和亚个体层面（subindividual）；总结了四种语境类型，情境语境（situationalcontext）、语篇语境（discourse context）、概念认知语境（conceptual-cognitive context）和身体语境（bodily context）。另一方面，研究中也整合了许多 CMT 的最新研究成果，如 Gibbs 的混合隐喻（mixing metaphor），Gibbs（2017）的隐喻动态隐喻系统（metaphor performance）；并比较了该理论与先前一些理论（如概念整合、蓄意隐喻、关联理论、隐喻动态系统观）的异同。另外，概念隐喻多层观通过把心理空间纳入概念隐喻研究范畴，找到了概念隐喻理论和概念整合理论的契合点。

概而观之，CMT 强调"自上而下"的研究，主要关注概念隐喻作为一种概念系统中的一种认知机制是如何影响和制约人们的语言使用；而 ECMT 强调"自下而上""上下互动"的研究，即研究在语境的触发作用下，心理空间如何激活（activate）上层的概念结构，而这些更高层级的概念结构反过来又如何给心理空间提供结构支撑（structure）的。

4. 结　　语

针对 CMT 的贡献和不足，ECMT 全面系统地回答了隐喻的形成基础、隐喻的产生方式、隐喻的概念层次、隐喻的生成因素以及隐喻的工作机制这五个重要问题，其中既有对隐喻研究基底性问题的充分探讨，又有对其标准理论拓展路径的详尽阐释，增强了 CMT 理论框架的逻辑自洽性和包容性，最终形成了一个兼顾传统与创新、包容各家观点的，全新、完整、统一的理论体系。

当然，笔者认为，ECMT 亦有不足之处。一是概念区分标准模糊。对"域"和"框架"的区别有待进一步澄清，其图式化程度不同，但如何进行清晰界定，还需整理出一套可操作的标准；二是理论解释范围有限。笔者发现，ECMT 在分析一些具体的语言现象时，存在难以操作、解释力不强等问题，另外笔者也发现，ECMT 对动词性隐喻或新兴隐喻的解释力较强，但对其他名词性或形容词性的隐喻现象解释力较弱,对常规隐喻的分析,用 CMT 反而更加简明清晰,解释力也更强;三是需要更多隐喻实例的支撑。ECMT 是一项新兴的概念隐喻研究成果,学者们需在后续研究中加强 ECMT 的跨学科应用,拓展其应用范围,丰富其研究成果。

　　总之,ECMT 既体现了隐喻产生过程的经验相关性,又考虑到了激活隐喻加工机制的语境因素,有效拓展了 CMT 的理论框架,也增强了其理论解释力和明晰性。后续研究中,学者们应致力于将 CMT 在统一的框架下结合离线图式性层级和在线运作机制,既考虑隐喻结果又考虑隐喻过程。

参考文献

［1］Evans,V. & M. Green. 2006. Cognitive Linguistics:An Introduction［M］. Edinburgh:Edinburgh University Press.

［2］Fauconnier,Gilles and Turner,Mark. 2002. The Way We Think［M］. New York:Basic Books.

［3］Gibbs,Raymond W. 2016. Mixing Metaphor［M］. Amsterdam:John Benjamins. pp269 + xiv.

［4］Gibbs,R. 2006. Embodiment and Cognitive Science. Cambridge and New York:Cambridge University Press.

［5］Gibbs,Raymond W. 1994. The Poetics of Mind. Cambridge and New York:Cambridge University Press.

［6］Grady,Joseph E. 1997. Foundations of Meaning:Primary Metaphors and Primary scenes. Ph.D. diss. University of California at Berkeley.

［7］Kövecses,Z. 2020. Extended Conceptual Metaphor Theory［M］. Cambridge:Cambridge University Press.

［8］Kövecses,Z. 2017. Levels of metaphor［J］. Cognitive Linguistics,28 - 2,321 - 47.

［9］Kövecses,Z. 2015. Where Metaphors Come From,Reconsidering Context in Metaphor［M］. Oxford and New York:Oxford University Press.

［10］Kövecses,Z. 2013. The metaphor-metonymy relationship:correlation metaphors are based on metonymy［J］. Metaphor and Symbol,(2),75 - 88.

［11］Kövecses,Z. 2010. Metaphor:A Practical Introduction. 2nd edition［M］. New York:Oxford University Press.

［12］Lakoff,George. 2008. The neural theory of metaphor［J］. In Gibbs,Raymond(ed.),The Cambridge-Handbook of Metaphor,pp. 17 - 38. Cambridge and New York:Cambridge University Press.

［13］Lakoff,George and Johnson,Mark. 1980. Metaphors We Live By.［M］ Chicago:The University of Chicago Press.

［14］Langacker,Ronald. 2008. Cognitive Grammar:A Basic Introduction. New York:Oxford University Press.

［15］Langacker,Ronald. 1987. Foundations of Cognitive Grammar. Stanford:Stanford University Press.

［16］Rosch,Eleanor. 1978. Principles of categorization. In Rosch,E.,and Lloyd,B.B. (eds.),Cognition and Categorization,pp. 27 - 48. Hillsdale,NJ:Lawrence Erlbaum.

［17］Steen,Gerard. 2008. The paradox of metaphor:Why we need a three-dimensional model of metaphor. Metaphor and Symbol,23(4),213 - 41.

［18］李福印.当代国外认知语言学研究的热点——第八届国际认知语言学大会论文分析［J］.外语研究,

2004(3):1－3＋9－80.

[19] 彭志斌.《拓展的概念隐喻理论》述评[J].外国语文,2021(3):154－157.

[20] 彭志斌.概念隐喻多层观:概念隐喻的新进展[N].中国社会科学报,2020-09-22.

[21] 束定芳.隐喻学研究[M].上海:上海外语教育出版社,2000.

[22] 王天翼,王寅.翻译隐喻观的认知分析——以"变异"和"损耗"两条支隐喻机制为例[J].外语研究,
    2018,35(03):82－86.

[23] 严莉莉.《混合隐喻》评介[J].外语教学与研究,2018(2):314－318.

[24] 张松松.关于隐喻理论最新发展的若干问题[J].外语与外语教学,2016(1):90－97,148－149.

[25] 张馨月.《扩展概念隐喻理论》评介[J].现代外语,2021(3):430－434.

《牛津示证范畴手册》述评*

海南师范大学文学院　　杜佳烜

内容提要　《牛津示证范畴手册》(2018)是牛津系列手册之一。该书是一部跨语言的综合性示证研究专著,重点考察示证范畴的概述、与示证范畴相关的概念、示证意义的表达、示证范畴的语义范围及其历史来源。本书还从认知、话语交流及社会角度分析示证范畴的使用,同时提出了与信息来源有关的进一步研究的切入点和方法。另外,从跨语言的角度对示证范畴做具体分析,选取了二十一种语言,对它们的示证系统及相关语法语用现象进行了描写分析。本书前沿的研究视角和理论建树加深了读者对示证范畴这一语法范畴的理解,语言事实分析丰富,推进了示证范畴及语言类型学的研究。

关键词　《牛津示证范畴手册》;示证类型;信息来源

1. 引　　言

《牛津示证范畴手册》(*The Oxford Handbook of Evidentiality*)由牛津大学出版社(Oxford University Press)2018 年出版,是牛津系列手册之一,由澳大利亚詹姆斯・库克大学(James Cook University)语言文化研究中心(Language and Culture Research Centre)主任 Alexandra Y. Aikhenvald 主编,该书系统介绍了示证范畴及其相关概念,并以二十一种不同语系语言的示证系统为研究对象,分析了它们的示证系统。本文在总结主要研究内容的基础上,做出简要评价。

2. 内　容　梗　概

《牛津示证范畴手册》的正文部分共有三十六章,分为四个部分。第一章是对示证范畴的概述,并附有田野调查指导与示证范畴相关的概念;第二章到第七章是第一部分,介绍了示证意义的表达,示证范畴的语义范围及其历史来源;第八章到第十二章是第二部分,从认知、话语交流及社会角度分析示证范畴的使用;第十三章到第十五章是第三部分,提出了与信息来源有关的进一步研究的切入点和方法;第十六章到第三十六章是第四部分,从跨语言的角度对示证范畴做具体分析,选取了二十一种语言,对它们的示证系统及相关语法语用现象进行了描写分析。该书的重点在于示证范畴以及信息来源的语法或词汇的表达手段,下面介绍该书的主要内容。

第一部分为"示证范畴的表达方式及其语义范围和历史(Evidentiality: its expression,

---

*　基金项目:教育部人文社会科学青年基金项目(21YJC740011)。

scope，and history)"，共有六篇文章。前面三篇聚焦于示证范畴如何与其他语法范畴和语义发生联系：第二章中 Jackson Sun 讨论了示证范畴和人称的关系，包括自我中心和不同示证意义下"我"和"你"的独特语义；第三章 Diana Forker 为读者深入剖析了当示证标记作用在动词上时与一系列其他语法范畴的相互影响；第四章 Björn Wiemer 讨论了信息来源这个语法概念与认知情态之间的关系。第五章 Guillaume Jacques 介绍了非命题示证标记以及它与其他语法范畴的关系。接下来两篇文章从历史的角度分析了示证范畴：第六章 Victor Friedman 以亚欧语言的示证范畴为主要研究对象，特别是巴尔干地区语言，分析了它们的历史来源；第七章 Alexandra Aikhenvald 从语言接触的角度考察了示证范畴在语言接触中发生变化的诱因，并以巴尔干地区、高加索地区以及波罗的海诸国等地区为例，具体分析了语言接触中的示证系统的变化。

第二部分为"示证范畴与认知、交流和社会（Evidentiality in cognition，communication，and society)"，共五篇文章。第八章 Ercenur Ünal 和 Anna Papafragou 分析了有无示证范畴语言的母语者所共享的一部分认知，哪些方面会受到语言的影响等。第九章 Stanka Fitneva 回顾了这方面已有的研究成果，然后分析了儿童在习得示证范畴时的认知过程以及社会因素在习得示证范畴过程中的重要性。接下来两章以盖丘亚语为研究对象，分析了示证范畴在语篇和对话中的使用。第十章 Janis Nuckolls 分析了帕斯塔萨–奇楚亚语（Pastaza Quichua）中话语互动和文化语用对两个示证附着词的影响。第十一章 Rosaleen Howard 分析了秘鲁中部高原盖丘亚语在叙述时对示证范畴的使用。第十二章 Michael Wood 梳理了示证范畴和刻板印象之间的概念关系。

第三部分为"关于示证范畴与信息来源的进一步研究（Evidentiality and information source：further issues and approaches)"，共三篇文章。第十三章 Kasper Boye 调查了示证范畴这一概念在大脑中被构思的方法，同时关注了认知概念、相互主观性以及语法化表达和词汇化表达等相关问题；第十四章 Mario Squartini 分析了一系列与信息来源表达有关的词汇表达，弄清表达信息来源的语法手段和词汇手段也许会对语法和词汇的其他方面的探讨有所帮助；第十五章 Margaret Speas 介绍了最近在形式语义学理论下，示证意义是如何被体现的这一问题的相关的讨论，试图建立组合意义来深入了解可能的语义变化，分析了用现存的形式化工具可以表现哪些意义以及可能的示证意义是否会被形式方法所限制。

类型学研究的意义在于基于语言本身发现有实质性的和有意义的语言共性，因此任何类型学议题研究的核心都是在世界语言中去分析该议题，同理，示证范畴也一样，但并不是任何一个语言区域或语系都有示证范畴这一概念。语法化的示证范畴普遍存在于南美洲（包括安第斯山脉和亚马逊低地）、亚欧大陆、太平洋地区、新几内亚以及澳大利亚部分地区，就目前的研究来看，非洲语言中极少出现示证范畴，有些语系，譬如亚非语系中的闪语族或者库希特语族、侗台语族及苗瑶语族，这些语族的语言中几乎没有任何示证范畴，第四部分是本书的重点，跨语族跨区域深入详细地介绍了二十一种语言的示证系统。

第四部分为"世界语言中的示证范畴（Evidentiality across the world)"，共二十一篇文章，该部分跨语系地分析了一系列语言的示证范畴和示证策略。值得关注的是，该书选取的大部分语言的示证系统在此之前并没有被深入研究过，而示证系统已经有过深入研究的一些语言并不在本书的讨论范围之内。

亚马逊地区的语言有着丰富的示证范畴，第十六章讨论了两种北加勒比语言——Trio 语和瓦亚纳语(Wayana),它们都属于二分型示证系统(亲见/非亲见),作者 Eithne Carlin 分析了日常生活中和口头文学中示证范畴的使用。第十七章 David Eberhard 分析了位于亚马逊南部的南比克瓦拉语支(Nambikwara),这些语言有着世界上最复杂的示证系统,示证范畴标记有四到八个不等,示证系统的语义参数包括视觉、非视觉、推断、假设、二手信息、三手信息,同时在一些语言中还有个人和多视角的区分,非命题示证意义遵循另一套不同的表达方式。

图卡诺安语系(Tukanoan)语言分布于亚马逊西北部,它们有着复杂的示证系统,且示证标记在话语中必须出现。第十八章 Kristine Stenzel 和 Elsa Gomez-Imbert 概述了图卡诺安语系的示证系统,同时梳理了它们的历史发展脉络。第十九章 Katarzyna I. Wojtylak 分析了位于亚马逊西北部的博拉语(Boran)和维托托语(Witotoan)的示证系统,其中博拉语属于三分型系统,维托托语属于二分型系统,但有很多表认知意义的标记。

北美洲土著语言的示证系统比较多变。第二十章 Tim Thornes 分析了犹他-阿兹特克语系(Uto-Aztecan)语言示证意义的表达方式,本章所描述的语言都标记报道意义,大部分语言都标记推断的示证意义,只有少数语言存在关于感知意义的示证标记,另外作者还从历史语言学的角度分析了在该语族内示证范畴标记的发展。第二十一章由 Marie-Odile、Randolph Valentine 和 Conor Quinn 联合撰写,学者们对阿尔冈昆语族中最有代表性的三支语言——克里语-伊努语-纳斯卡皮语片区(Cree-Innu-Naskapi continuum)、奥杰布瓦语(Ojibwe)和东部阿尔冈昆语(Eastern Algonquian)的示证系统进行了细致的研究。

钦西安语族(Tsimshian)是分布在加拿大北部的一小部分语言。第二十二章 Tyler Peterson 分析了极度濒危语言基特卡汕语(Gitksan)的示证系统,其示证系统可以被分析为二分型和三分型,它的信息来源的表达背后有很强的关于认知的隐含意义。

接下来的几篇文章关注的是欧亚大陆的语言。第二十三章 Diana Forker 描述了纳克-达吉斯坦语族(Nakh-Daghestanian)的示证系统,大部分语言表达听说和推断等的非直接示证意义,另外文章还简要说明了与示证范畴有关的新异范畴(mirativity)和认知情态。第二十四章 Lars Johanson 深入分析了突厥语族(Turkic)的示证范畴,最典型的是表达非直接的示证意义,即表明所叙述的事件通过一种间接的方式被有意识的主体传递给听话人。第二十五章 Elena Skribnik 和 Petar Kehayov 对乌拉尔语族语言的示证系统做了概述,其中芬兰语(Finnic)、毛伊语(Mari)、彼尔姆语(Permic)、鄂毕-乌戈尔诸语言(Ob-Ugric)属于二分型示证系统,萨摩耶德语族语言(Samoyedic language)一般是三分型或四分型示证系统;同时作者指出语法化的示证标记不能作为乌拉尔语族语言的固有特点,这些示证标记大多是因为地域扩散和语言分支的独立发展而逐渐形成的。第二十六章 Benjamin Brosig 和 Elena Skribnik 聚焦于欧亚大陆的另一个比较大的语族——蒙古语族,十三世纪的中世纪蒙古语(Middle Mongolic)有三个示证标记,喀尔喀语(Khalkha)和卡尔梅克语(Kalmyk)的示证系统较复杂,有七个示证标记。

藏缅语族语言有着极其复杂的示证系统,一些语言的示证系统还与自我中心范畴有关。第二十七章 Scott DeLancey 以藏语(Tibetic)的拉萨话(Lhasa)为研究对象,解释了与信息表达有关的示证范畴、真实性和自我中心范畴这些语法范畴的关系。第二十八章 Gwendolyn Hyslop 清晰深入地区分了以上这些相关的语法范畴,并系统性地梳理了蕃语族语言(Bodic languages)中相关的表达方式,蕃语族语言一般只标记口头的信息来源,较少出现非直接的信息来源标记。

第二十九章主要介绍了非洲语言的示证系统,Anne Storch 聚焦于朱昆语(Jukun)和马卡语(Maaka),研究的示证系统从一手信息/非一手信息的二分型系统到包括报道、推断等的复杂示证系统,研究范围从尼日利亚到苏丹南部,分析了示证范畴与社会语境的关系以及说话人的态度对示证范畴的影响。

新几内亚有着丰富的语言现象,第三十章 Hannah Sarvasy 对新几内亚的部分语言的示证系统进行了细致的调查,其调查的大部分语言都位于没有语法化示证标记的岛屿,它们的示证系统差别很大,有些语言只有一个示证标记,有些语言有五个甚至更多的示证标记,大多数示证范畴很发达的语言位于巴布亚新几内亚。

对于大多数南岛语系语言来说,示证范畴不能算是一个典型的特征,在此之前也没有学者对其进行过细致研究。第三十一章潘家荣分析了五种分布在台湾的南岛语系语言的示证范畴,它们是布农语(Bunun)、排湾语(Paiwan)、卡那卡那富语(Kanakanavu)、沙阿鲁阿语(Saaroa)和邹语(Tsou),这几种语言的区别在于被标记信息来源的数量,其中邹语的语法化示证范畴标记最丰富,同时与格标记混杂在一起区别命题示证标记和非命题示证标记,在菲律宾二十多种南岛语中只有一种语言有报道意义示证标记。第三十二章 Josephine Daguman 详细讨论了报道意义示证标记的语法和语义特点以及在话语中的引申意义,另外还讨论了它在口语和书面语中的使用区别,并分析了社会变迁对报道意义示证标记的扩散的影响。

第三十三章 Ho-min Sohn 分析了韩语(Korean)的示证范畴以及其他信息来源的表达方式,作者提出韩语的示证系统中有三个在语法上和语义上有所区分的子类——感知、引用/报道、推断,每一个子类又包括两个或更多个示证标记,所有这些示证标记都由非示证意义的后缀、短语或双小句结构语法化而来。第三十四章 Heiko Narrog 和 Wenjiang Yang 分析了现代日语的示证范畴标记的结构、语义和使用,重点讨论了直接示证意义标记的使用以及报道示证意义和引用示证意义的区别,同时介绍了示证范畴与时体态的相互作用关系。

许多罗曼语言,特别是拉美西班牙语(Latin American Spanish)和葡萄牙语(Portuguese)等语言,出现了由 *dizque* 或 *diz que*("说……")演变而来的示证标记,第三十五章 Asier Alcázar 从共时和历时的角度分析了这些新出现的示证标记及其各种变体,认为 *dizque* 可能是报道或引用意义的示证标记,同时提出某些方言因为与盖丘亚语(Quechua)的接触可能会加速它们的语法化进程。

手势语的表达方式不同于一般语言,主要依靠肢体动作和面部表情来表意。第三十六章 Sherman Wilcox 和 Barbara Shaffer 选取了美国手势语(American Sign Language)、巴西手势语(Brazilian Sign Language)和加泰罗尼亚手势语(Catalan Sign Language)作为研究对象,分析了手语是如何表达感知、推断和报道等示证意义,同时指出示证范畴、认知情态和新异范畴的混杂主要由语法化的面部标记来表达,这种表达方式可以同时表达语法意义和示证意义而不用再额外使用肢体动作来表达。

3. 简　　评

《牛津示证范畴手册》是一部跨语言的综合性示证研究专著,以示证范畴为研究对象,全面地分析了和示证范畴这一概念有关的理论问题以及示证范畴与其他语法范畴之间的关系,同时跨语系地研究了不同语系语言表达示证范畴的共性和特点。总体来说,该书有以下优点。

首先,示证范畴是与信息来源有关的语法范畴,是语言类型学研究的重要语法范畴之一,近年来也成为了学界关注的重点和热点之一,《牛津示证范畴手册》是迄今为止学界关于示证范畴讨论得最为全面的著作,从各种不同角度探讨了和示证范畴有关的问题,从理论和实例两个方面丰富了示证研究领域。该书首先对示证范畴进行了定义和剖析,然后在第一部分从语义表达、语义范围和历史发展的角度分析了示证范畴及其有关概念,第二部分从认知和文化等角度剖析了示证范畴,第三部分介绍了研究示证范畴的前沿方法和理论,第四部分将理论和实践相结合,展示了不同语系语言的示证系统,共时研究和历时研究相结合,不仅有共时状态下的描写,还对部分语系的语言进行了历时研究,分析了示证标记的发展历程。该书由浅入深,由系统到局部,全面剖析了示证范畴,帮助我们系统地认识了这一语法概念,然后结合不同语系将理论运用于实践,一方面将理论付诸实践,另一方面实践也巩固了理论发展。

其次,《牛津示证范畴手册》第四部分包括二十一篇文章,所涉及的语言极其广泛,包括加勒比诸语言、南比克瓦拉语族、Tukanoan 语族、Boran 语族、Witotoan 语族、乌托·阿兹特克语系、基特卡汕语、东北高加索语族、突厥语族、乌拉尔语族、蒙古语族、藏语、蕃语族、非洲语言、新几内亚语言、台湾南岛语、菲律宾语言、韩语、日语、罗曼语族,本书的最后一篇文章还专门探讨了手势语中示证意义的表达,由此可见本书几乎涵盖了世界上大部分公认的存在示证范畴的语系,材料之丰富是之前示证范畴研究著作所没有的。此外,之前示证范畴研究的著作都是以某一种语言为研究对象,该书的独到之处在于第四部分的大多数文章都是以一个语系或语族为研究对象,先系统介绍该语系或语族语言的基本情况以及示证系统的共同点,再选取其中一些有代表性的语言详细论述其示证系统。这种由面及点的行文方式可以帮助读者更清晰地掌握某一语系或语族示证系统的全貌,而且在同语系或语族中有各种语言的横向比较,可以清晰明了地了解到该语系或语族示证系统的共同特征,进而再深入地了解每一种语言示证系统的不同之处,拓展了示证研究领域,开阔了读者的视野。

《牛津示证范畴手册》是"牛津系列手册"之一,其前沿的研究视角和理论建树加深了读者对示证范畴这一语法范畴的理解,丰富的语言事实分析、同语系语言的横向比较以及跨语系语言的纵向对比拓宽了读者的视野,在关于示证范畴本身以及与示证范畴有关的热点问题上提供了全面深入的分析,这会在学界产生重要影响,并切实推进示证范畴及语言类型学的研究。

参考文献

Aikhenvald A Y. 2004. *Evidentiality* [M]. Oxford: Oxford University Press.

Aikhenvald A Y. 2018. *The Oxford Handbook of Evidentiality* [M]. Oxford: Oxford University Press.

Aikhenvald A Y, Dixon R M W. 2014. *The Grammar of Knowledge: A Cross-Linguistic Typology* [M]. Oxford: Oxford University Press.

孙宏开.跨喜马拉雅的藏缅语族语言研究[J].民族学刊,2015(2):69-125.

湖北宜城方言音系 *

湖南工业大学　胡　伟　谭淑怡

内容提要　本文描写了宜城方言音系,内容包括宜城方言的声韵调系统、语言特点和同音字汇。

关键词　宜城方言;声韵调;语音特点;同音字汇

1. 引　　言

宜城市位于湖北省西北部,是汉江中游的一个县级市,属襄阳市管辖。宜城市东界随州市、枣阳市,南接钟祥市、荆门市,西邻南漳县,北抵襄州区。该市现辖 8 个镇 2 个街道办事处,人口约 56 万。宜城方言属于西南官话鄂北片。2016 年 1 月笔者对宜城方言进行了调查。发音合作人谭家明,1956 年生,初中文化程度,宜城市小河镇人。

2. 宜城方言的声韵调特点和语音特点

宜城方言共有 18 个声母,32 个韵母,4 个声调。

2.1　声母(18 个,包括零声母)

p 步布别巴波	pʻ 怕皮盘爬菩	m 米门美马买	f 房符松纯刷
t 到道舵大肚	tʻ 太泰探替叹	l 奶懒垒哪老	
ts 扎砸直增蒸	tsʻ 仓昌从锄柴	s 散扇僧生常	
k 贵跪故过界	kʻ 看去裤快抗	x 红胡盒蟹鞋	
tɕ 机将尖精揪	tɕʻ 枪签秋期轻	ɕ 香先修西星	
ʐ 忍绕软润人	ø 闻袄硬运日		

2.2　韵母(32 个)

ɿ 资知词吃丝	i 第提离笔鱼	u 不仆睦福读	o 鹅罗活驼各
e 特墨舌色白	a 爬麻查拔扎	ə 个歌哥戈了	ia 夹掐瞎丫价
ie 接别蔑雪月	io 药约学确略	in 云赢银行停	ai 呆崖苔埋帅
au 熬猫扫炒草	an 烦蛮谈男团	ɑŋ 唐房狼王尝	ui 鬼嘴悔葵亏

* 本文受国家社科基金一般项目(20BYY194)、湖南省社科基金重点项目(18ZDB008)、湖南省社科成果评审委员会一般项目(XSP20YBZ142)、湖南省教育厅重点项目(18A271)和湖南智能教育研究院项目资助。

ei	腿美对水尿	ua	抓挖蛙瓜花	un	魂横坤春棍	ən	吨登更分奔
əu	偷抠收钩韝	əŋ	风嘣蒙棚东	ər	儿日二而耳	oŋ	公空轰中冲
iau	要谣瓢嚼聊	iəu	刘流牛泅揪	ian	烟偏天奸鲜	iaŋ	杨强鞏祥阳
ioŋ	用胸穷雄熊	uai	歪外坏怪快	uan	玩船管款晚	uaŋ	黄状撞晃逛

2.3　单字调（4个，不包括轻声）

阴平　13　　阳平　42　　上声　55　　去声　412

宜城方言两字连读，前字会发生变调，其规律如下：

① 阴平做前字，上声做后字时，阴平变为21调。

② 阳平做前字，阳平做后字时，前字阳平变为34调。

③ 去声做前字，阴平、上声做后字时，前字去声变为42调。

④ 去声做前字，阳平、去声做后字时，前字去声变为34调。

⑤ 去声做后字时，表现为41调。

2.4　宜城方言的几个语音特点

① 与中古音相比，古清平为阴平，如：高kau13、朱tsu13、专tsuan13；浊平归阳平，如：寒xan42、神sən42、徐ɕi42；清上及次浊上归上声，如：古ku55、口kʻəu55、五u55；全浊上归去声，如：近tɕin412、柱tsu412、是sʅ412；入声归阳平，如：急tɕi42、曲tɕʻi42、合xo42。

② 古知庄章三组读同精母洪音。如：猪tsu13、阻tsu55、煮tsu55、组tsu55、褚tsʻu55、楚tsʻu55、处tsʻu412、粗tsʻu13。

③ 古日母止摄字全部读零声母，表现为卷舌元音ər。如：儿ər42、二ər412、而ər42；古日母止摄以外的字读ʐ，如：认ʐən412、润ʐən412、绕ʐau412；"日"字可以两读，ər42或ʐʅ42。

④ 古心生书邪禅船母遇蟹止山臻通摄合口字多读作f，生母宕开三等字，江开二等字也读f。如：苏fu13、嗽fu412、梳fu13、疏fu13、书fu13、鼠fu55、薯fu55、数fu55、碎fei412、岁fei412、虽fei13、穗fei412、摔fai13、水fei55、谁fei42、闩fan13、涮fan412、刷fa42、顺fən412、术fu412、纯fən42、霜faŋ13、宋fəŋ412、宿fu412、松fəŋ13、粟fu412、俗fu42。

⑤ 宜城方言不分尖团。如：集＝极tɕi42、妻＝欺tɕʻi13、西＝稀ɕi13、聚＝锯tɕi412、需＝虚ɕi13（去tɕʻi412或kʻi412，给ki55两字除外）。

⑥ 泥母、来母字不分，均读作来母。如：南＝兰lan42、泥＝离li42、娘＝良liaŋ42、奴＝炉lu42、农＝笼ləŋ42、女＝旅li55。

⑦ 无撮口呼。宜城方言里的撮口呼全部转化为齐齿呼。如：需ɕi13、取tɕʻi55、聚tɕi412、据tɕi412、区tɕʻi13、娱i42、句tɕi412、云in42、寻ɕin42、军tɕin13、群tɕʻin13、俊tɕin412、训ɕin412、女li55、律li42、虑li412、驴li42、玉i412。

⑧ 蟹合字端精知照日组字读作e（罪tsui412、脆tsʻui除外），见晓组读作u。如：堆tei13、雷lei42、碎fei412、盔kʻui13、灰xui13、乖kuai13、怀xuai42、蛙ua13、桂kui412、惠xui412、卫ui412。止合三精组字读作e，知照见晓影组读作u（谁fei42、睡fei412、水fei55、帅fai412除外）。如：随fei42、虽fei13；揣tsʻuai13/tsʻuai55、吹tsʻui13、垂tsʻui42、亏kʻui13、危ui13、毁xui55、委ui55。山合一二等字端泥精照组字无u介音，见晓影组有u介音。如：端tan13、团tʻan42、钻tsan13、酸san13、栓fan13；官kuan13、宽kʻuan13、欢xuan13、鳏kuan13。山合三四

精见晓影组读作 i，知照日组读作 u。如：全 tɕʻian42、宣 ɕian13、卷 tɕian55、圈 tɕʻian13、拳 tɕʻian42、缘 ian42、犬 tɕʻian55、渊 ian13；转 tsuan55、传 tsʻuan42、专 tsuan13、川 tsʻuan13、船 tsʻuan42、软 z̩uan55。臻合一端泥精组读作 ə，见晓影组读作 u。如：敦 tən13、嫩 lən412、尊 tsən13、孙 sən13；昆 kʻun13、坤 kʻun13、婚 xun13、魂 xun42。臻合三泥精见影日组字读作 ə 或 i，知照组字读作 u（禅母除外）。如：伦 lən42、皱 tsʻən13、润 z̩ən412、俊 tɕin412、均 tɕin13、菌 tɕin13、匀 in42、允 in55；椿 tsʻun13、准 tsun55、春 tsʻun13、唇 tsʻun42。

⑨ 古曾开一、梗开二入声字读作 e。如：北 pe42、墨 me42、德 te42、特 tʻe42、肋 le42、塞 se42、刻 kʻe42、黑 xe42、白 pe42、迫 pʻe42、拍 pʻe13、拆 tsʻe42、泽 tse42、窄 tse42、格 ke42、客 kʻe42、额 e42、麦 me42、策 tsʻe42、革 ke42。

⑩ 古深臻摄舒声与曾梗摄舒声开口字相混。如：京＝经＝金 tɕin13、征＝针 tsən13、庚＝跟 kən13、蒸＝真 tsən13、星＝新 ɕin13。

⑪ "子"字常用来做词尾，表示小成分。"子"字做词尾时，一般读作颤音 r。如：鸡子 tɕi13 r、虾子 ɕia13 r、鸭子 ia42 r、耙子 pʻa42 r、瘪子 pie55 r、狗子 kəu55 r、兔子 tʻu412 r、钵子 po412 r。

3. 宜城方言同音字汇

本字汇依据上文第二节韵母、声母、声调的次序排列。写不出的字用"□"表示。释义、举例小字齐下。举例中，用"～"代替所释字，写不出的字不再用"□"表示，直接标写音标。多音字右下角注明"又"。有文白异读的字在字的下面加单线"—"表示"白"，加双线"＝"表示"文"。轻声用"0"表示。

1

ts　13 资滋姿只支知蜘 又 tɕe42　42 趾直质值　55 紫籽纸指仔　412 治制志自 □ ～mo；迂腐，反应慢

tsʻ　13 痴哧摛 舒展，手莫～得太长 㹴 擦，把墙上的字～掉　42 吃池持迟慈尺赤 ～脚　55 耻此　412 次刺赐

s　13 私丝诗狮嘶 ～气　42 石食时　55 死史使屎　412 是四事寺

z̩　13 □ ～pe42；撒谎　42 日 周～；～㦬；批评。又 ər42　412 □ ～货；又蠢又笨的人

i

p　13 屄 女阴　42 逼壁鼻笔毕必　55 比彼秕　412 笓闭毙算 一种蒸食工具，多竹制

pʻ　13 批噼劈　42 皮脾啤痹　55 痞　412 屁辟僻

m　13 眯洢 ～酒；喝酒 □小睡　42 密弥蜜　55 米　412 □ 用桩拴牛羊等于野外 谜汹 扎～子；扎猛子

t　13 低　42 的 ～确 敌滴笛第　55 底抵诋　412 地递弟

tʻ　13 踢梯锑 ～锅子；铝锅　42 题剔蹄提　55 体　412 替剃屉惕

l　13 捋　42 厘梨犁狸篱笠励栎立尼泥呢率驴 沴 让液体从缝中滴下；把衣裳～干　55 女你拟理里铝吕旅李　412 腻口 ～刺；生鱼变质

k　55 给

kʻ　412 去 又 tɕi412

tɕ　13 机基鸡居拘 □ ～mo；小气 车～、马炮。又 tse13　42 及极积吉急籍绩局菊桔集鲫　55 几挤举　412

剂记计寄祭济季继忌技具距据句剧巨锯拒俱聚

tɕ'	13 期妻欺区又əu13 蛆趋箕黢非常，~湿　42 渠齐七奇旗骑漆脐曲屈　55 起启乞杞取娶　412 祛器气汽砌弃契企去又ki412	

ɕ　13 西吸嘻希稀需须嘘　42 席习锡袭徙熄悉息昔徐旭婿叙夕隙燨火炙　55 喜洗许　412 序叙絮蓄系细戏

ø　13 衣依伊医瘀迂　42 一宜移译易益谊于鱼余裕俞育愚喻　55 以椅雨宇禹□推迟，耽误　412 意亿议异翼

u

p　13 卜萝~。又pu55　42 不　55 捕~快。又p'u13 补卜~卦。又pu13　412 部布埠步簿

p'　13 捕逮~。又pu55 铺又p'u412 扑~锅：开水溢出锅沿儿　42 葡蒲濮朴□水沸腾的样子　55 哺普谱脯　412 铺又p'u13 灰~~神:灰尘升腾的样子

m　13 □反应慢，不聪明　42 木睦模目　55 亩母姆拇　412 幕牧墓慕

f　13 夫芙麸书疏舒梳苏蔬酥输又zu13　42 福服复熟束赎叔速辐粟浮符缩属家~。又fu55 袱~子:毛巾　55 府腐辅抚斧署鼠薯数又fu412 属~于。又fu42　412 赴副富负妇父覆素诉肃塑嗉宿竖漱恕树数又fu55

t　13 □~鱼:炖鱼嘟都又təu13 蔸根，树~子　42 读独毒丑戳，盖；屎跟儿，底儿；杌~凳:一种无背圆凳　55 赌肚猪~。又tu412 睹堵　412 肚~子。又tu55 渡度镀妒

t'　13 秃瘊　42 图涂徒屠突途　55 吐又tu412 土　412 兔吐又tu55

l　42 六奴绿卢陆鹿录芦炉□~了:慌了□~家:行为像女人的男人　55 鲁卤虏努　412 路露

ts　13 猪朱株珠蛛租　42 祝筑逐烛足卒堅塞轴踔撞，触　55 主煮组阻　412 住铸驻

ts'　13 粗搐缩　42 出除触畜锄橱促帚厨~房。又ts'əu42　55 杵楚处又ts'u412　412 处又ts'u55 醋

k　13 孤辜姑菇咕箍　42 骨谷　55 股鼓估牯~子:雄性水牛蛄~牛:一种昆虫　412 顾雇固

k'　13 枯窟骷□~眉:眉头紧锁　42 哭　55 苦　412 裤库酷

x　13 呼乎糊~嘴。又xu42，xu412 戽~水:把水排干□~嘴巴子:掌嘴　42 糊饭~了。又xu13，xu412 胡湖忽壶狐斛葫核桃~和~牌　55 虎唬　412 户糊~弄。又xu13，xu42 互护瓠~子:一种瓜菜，像葫芦

ʐ　13 擩塞，插输又fu13　42 如茹入褥~疮　55 乳辱

ø　13 乌污邬钨诬　42 屋吴物蜈□~死:淹死　55 五武午舞捂侮　412 务误雾戊悟鹜芴~子:藤蔓

o

p　13 波拨播玻菠　42 博搏薄簸柳~:一种农具。又po55 驳　55 簸又po42　412 钵~子

p'　13 坡泼~辣。又p'o42　42 泼~水，嘴~，下~。又p'o13 婆　412 破魄

m　13 摸沫末　42 膜磨~刀。又mo412 魔蘑馍　55 抹模~仿□~子:技术，本事　412 磨石~。又mo42 牳~牛:雌性黄牛

f　42 佛

t　13 多　42 夺　55 朵躲　412 舵剁跺

t'　13 拖　42 脱驼砣驮庹坨　55 妥椭　412 唾

l　13 啰　42 挪罗锣箩胭烙　55 □理睬謱~lian42:言语啰唆　412 糯摞~起来

ts　42 作桌捉镯昨凿着　55 左佐　412 座坐

ts' 13 搓撮挑拨,撺掇,～家。又tso42　42 撮～箕:一种农具。又tʂo13　412 错挫锉

s 13 梭　42 说奶硕　55 所索锁　412 朔

k 13 锅　42 各国割鸽佮～识:结交　55 果搁放。又ke412 裹□～食:不消化　412 过

k' 13 科蝌□p'ia13～:闲聊 殼蔽,打;～枣子 颏下巴,下巴 窠～落子:纠缠在一起的野藤、荆条、乱草蓬等　42 渴瞌　55 可棵颗 疴～子:身上长的小疙瘩　412 课嗑

x 13 豁撾用刀割开 搲伤口　42 和又xo412 河盒喝何鹤荷获饸～子:一种含馅面食,似馅饼　55 火伙　412 货嚇 哄骗,喊叫 和～食:煮过的杂粮、瓜菜等,用来喂猪。又xo42 □二～:对家里排行老二的小孩的称呼

ø 13 屙　42 蛾鹅俄恶～躁:凶狠 鄂垩臭,水～了。又o55　55 我恶～心。又o42　412 饿卧

e

p 13 掰～开:用手把东西分开;剥;撬　42 百白伯柏北

p' 13 拍□～子:嘴巴极能说的人　42 迫

m 42 墨陌麦脉默　55 □蛮横,不讲理,厉害

t 42 得德□～螺:陀螺

t' 42 特忒

l 42 肋　412 那又la412

ts 13 遮　42 折泽择则责蜘又tɕi13 摘窄宅　412 这

ts' 13 车又tɕi13　42 拆侧策厕测　55 扯　412 □骄傲,炫耀

s 13 赊奢嚼～:胡扯,说闲话　42 舌蛇舍宿～。又se55 色颜色摄塞堵～。又sai42/sai412　55 舍～得。又se42　412 射社

k 13 胳挠痒使发笑,又ke42 □冰～:冰凉　42 革隔格槅～头:一种耕具 蛤～蚤:跳蚤 胳～肢窝。又ke13　55 咯卡,呛:吃奶吃～到了 □膨化或油炸食品不再酥脆　412 搁～手,勒手。又ko55

k' 13 搭控制,握;抓;～颈脖子 坷～拉:土块　42 客咳克刻□～膝包:膝盖 蛤～蟆:青蛙

x 13 嘿哈～邋:油、肉等变质。又xa13　42 赫黑核吓～一跳。又çia412　55 □～暴:野蛮

ʐ 42 热　55 惹

ø 42 厄扼额

a

p 13 巴疤　42 拔八□～～:男孩生殖器　55 把～尿,～给我。又pa412 屄～～:(小孩话)大便　412 把～儿:手柄。又pa55 坝罢耙犁～:一种耕田农具;～田。又p'a42

p' 13 趴汜尿、屎、唾液、鼻涕等的表达单位:一～屎 □～烟:吸烟　42 爬钯耙～子:聚拢谷物或平土地用的用具。又pa412　412 怕

m 13 妈㧬～去职务:撤职　42 麻抹～布,～澡　55 马码蚂嬷老～～:对老年妇女的称呼　412 骂□～:大婶,大妈

f 13 □～树叶子:捋树叶　42 发法罚阀刷垡翻出来的土块,土～子　55 要

t 13 嗒□～头发:用手把头发理顺,弄整齐 跶摔,跌　42 答搭达褡背～子:一种无袖上衣 溚湿～～:很湿,湿透了　55 打 412 大

t' 13 他她它　42 沓塔踏塌蹋

l 13 拉邋　42 辣拿腊纳～鞋底,出～　55 哪　412 那又le412

ts 13 多～开:分开 渣匝絟～线:衣物缝线崩开　42 杂砸扎闸轧又ia412　55 眨咋拃一～:张开的大拇指到中指指尖的距离　412 炸榨柞栅诈痄因不洁净或受热引起的肿烂,～痱子

ts'   13 差又 tsai13 叉   42 查察搽茶擦   55 扠~狗屎:吃狗屎   412 岔

s   13 杉仨沙砂痧纱牸~子:雌性水牛 閅两脚或双手沿侧向打开   42 杀煞萨靸~板儿:拖鞋   55 傻洒   412 啥

k   13 嘎   42 孖滴~:极小   412 尬

k'   13 咔   55 卡又 tɕia55

x   13 哈又 xe13 □翻动,扒拉:~耙子,~鸡蛋   55 下一~儿:一会儿;~数:主意,把握。又 ɕia412

ø   13 啊阿

ə

k   13 歌哥   412 个

ia

p   13 □贴,粘

p'   13 □闲聊 □拟声词   55 □不好:挖苦

l   13 娘~~:姑姑,姨。又 liaŋ42   42 □人家,他/她   55 您□~娃儿:女孩儿

tɕ   13 家加佳嘉袈枷   42 甲夹挟钾颊痂胛荚   55 假贾   412 架嫁驾价

tɕ'   13 掐~死。又 tɕia42   42 掐抠抠~~:小气。又 tɕia13   55 卡~子,发~。又 k'a55   412 髂跒跨过

ɕ   13 虾   42 霞辖侠峡瞎狭   412 下又 xa55 夏吓~唬。又 xe42

ø   13 鸦丫□矫情   42 压鸭牙押衙芽伢蚜□~秤□~狗子:公狗   55 雅   412 哑轧又 tsav

ie

p   13 憋鳖   42 别又 pie412   55 瘪   412 蹩别不顺,挡。又 pie42

p'   42 潎昌撇~:捺。又 p'ie55   55 撇~嘴。又 p'ie42   412 □~~:神的:走路不稳的样子

m   13 咩乜多用于人名,如,~子   42 篾灭   55 搣掰,以手裂物

t   13 爹   42 碟跌叠蝶喋

t'   42 铁贴

l   13 捏镊   42 聂镍烈猎列   55 咧   412 迭后退

tɕ   13 蹶趔出走   42 节接结洁截疖掘撅撅噘骂   55 姐   412 借

tɕ'   42 茄切窃缺瘸   55 且□将坚硬条状物体弄断   412 妾

ɕ   13 些靴   42 斜楔歇邪携血穴雪薛□~匪:淘气,顽皮   55 写   412 谢懈

ø   13 页椰噎   42 爷月叶业遭~:受罪   55 野拥用手将馒头,树枝等弄断尾~巴。又 ui55   412 夜□躺,睡,~在床上

io

tɕ   13 □~住:抓住   42 角脚觉

tɕ'   13 □骗   42 确雀鹊

ɕ   13 削□吮吸   42 学

l   42 略掠虐

ø   42 约跃悦岳乐药

in

p　13 彬斌宾滨濒缤傧兵槟　55 饼丙炳秉柄　412 殡并病

p'　13 拼乒　42 频贫凭瓶坪苹　55 品评　412 聘

m　42 民明鸣冥　55 敏闽闵抿皿泯　412 命

t　13 丁盯钉叮虹~~:蜻蜓　55 顶鼎　412 定钉订锭碇掟锤打,~了两拳

t'　13 听厅汀　42 停蜓庭廷艇婷莛草木植物的茎　55 挺铤

l　13 拎　42 林临淋磷邻鳞灵龄玲羚零宁凝拧咛　55 檩凛岭领　412 凌赁令另□~人:恶心

tɕ　13 金斤今经精茎京惊晶荆睛军均菌　55 紧巾仅谨景井警颈　412 尽进近晋劲禁竟静
　　镜敬竞境骏俊浚

tɕ'　13 亲侵清青蜻轻卿氢　42 勤禽擒秦情晴擎群裙　55 寝请　412 浸沁庆

ɕ　13 新心辛薪芯馨兴星腥猩熏勋　42 行又xɑŋ42 型形刑旬寻逊循巡　55 醒擤~鼻涕　412 衅性
　　训迅汛兴悻讯

ø　13 阴因音英鹰莺婴樱鹦晕荫树~。又in412　42 云寅淫垠迎营莹赢盈　55 允隐瘾影颍饮~料。又
　　in412　412 运孕印应摁用尺等量具量饮~牛水:给牛饮水。又in55 荫~静:阴凉,凉爽。又in13

ai

p　13 踹跛,~子　55 摆　412 败拜稗

p'　42 牌排　412 派

m　42 埋　55 买　412 卖

f　13 摔衰　55 甩　412 帅蟀

t　13 待~一下儿。又tai412 呆又ai42　55 逮又tei42　412 带戴代贷待等~。又tai13

t'　13 胎　42 台抬苔　55 奤~子:旧时南方人对北方人的贬称　412 泰太态

l　13 □~tai0:肮脏　42 来莱　55 乃奶　412 耐奈癞赖

ts　13 灾栽哉斋　55 载三年五~。又tsai412 崽仔宰　412 在再债载~重。又tsai55

ts'　13 差又tʂa13　42 才财材裁柴豺　55 彩踩睬采　412 菜蔡

s　13 腮鳃筛　42 塞~住　55 赛晒塞要~。又se42/sai42

k　13 该街皆阶赅秸麦~:麦秆　55 解~放。又xai412　412 盖钙溉届界介诫疥械

k'　13 开揩　42 □吃　55 凯楷　412 概慨

x　42 还孩鞋蟹　55 海　412 害解一般用作姓。又kai55

ø　13 挨又ai42 唉哀哎　42 挨又ai13 癌呆又tai13 捱崖　55 矮　412 爱艾

au

p　13 凸包　55 褒宝保　412 报抱爆豹抱苞~母鸡:处于孵化小鸡时期的母鸡

p'　13 泡灯~。又p'au412 橐松软,不结实,~轻 抛胮尿~　42 袍刨□滚动的样子,水开得~~:神的　55 跑　412 炮泡~~。
　　又p'au13

m　13 眊眼神儿不好,~眼儿　42 毛猫茅锚髦矛　55 冇遗漏□小皮球卯~穷:毛病铆　412 贸茂冒帽

t　13 刀叨　55 岛倒又tau412 导捣蹈　412 道倒又tau55 盗稻悼

t'　13 涛掏焘滔　42 逃桃淘萄　55 讨稻~秫:高粱　412 套

l　13 □_{触摸,碰}　42 劳牢捞唠涝挠□_{~tɕian412:因饥饿而狼吞虎咽的样子}　55 捞_{肩扛}老脑恼佬　412 闹痨_{~药:毒药}

ts　13 糟遭招昭召　55 枣早藻找爪澡蚤　412 造燥灶躁噪皂照兆肇罩诏

tsʻ　13 超抄钞　42 曹槽糙嘈朝嘲潮巢膪　55 草吵炒　412 龡糙秒_{一种耙田的工具;~田}□_{翻动,把饭~一伙}

s　13 骚梢搔烧稍捎筲_{筲:竹制器具}　42 韶苕　55 扫嫂少_{又sau412}　412 臊潲少_{又sau55}□_{手~:爱打人}

k　13 高糕膏篙羔　55 搞稿　412 告

kʻ　13 □_{性交}　55 考烤拷　412 靠铐犒

x　13 薅_{~草}蒿　42 豪嚎壕篙_{~子:一种竹制捕鱼工具}　55 郝好_{又xau412}　412 耗昊号好_{又xau55}

ʐ　42 饶　55 扰　412 绕

ø　13 熝_{慢煮}　42 熬_{~药}□_{~到了:十分想吃某种食物}　55 袄　412 傲

an

p　13 班般搬扳颁瘢斑　55 眅绊版板坂拌_{摔,~碗。又pʻan55/pan412}　412 办伴瓣拌_{搅拌,凉~。又pʻan55/pan55}

pʻ　13 潘攀　42 盘蟠磐　55 拌_{混合,~糠。又pan55/pan412}　412 判盼叛袢襻

m　13 缦_{~子}　42 蛮瞒馒　55 满　412 曼慢

f　13 番翻蕃媻_{~蛋:下蛋}　42 凡繁帆樊烦　55 反返疢_{恶心}　412 饭犯范泛贩

t　13 担_{~担子。又tan412}耽端　42 拦_{又lan42}　55 胆短掸沰_{将蔬菜放在沸水锅中微煮,~菠菜}　412 但担_{担~子。又tan13}蛋淡弹旦诞段断缎椴

tʻ　13 摊滩贪瘫　42 谈痰谭檀坛潭弹团　55 坦毯衵　412 探叹炭碳

l　42 兰蓝篮栏澜婪銮鸾李南男腩喃难_{又lan412}拦_{又tan42}　55 揽览缆榄卵娄_{将柿子渍于温水而去其涩味,~柿子;用盐浸渍,把肉~一伙}　412 烂乱难_{又lan42}

ts　13 沾詹瞻毡钻粘_{又lian42}　42 咱　55 展崭盏纂斩攒_{积累,~钱。又tsʻan42}振_{擦,~眼泪;掖,把被窝~好}　412 暂赞站占战湛绽栈

tsʻ　13 参餐掺趖_{走动,散步}鲹_{白鲹鱼,风~子}　42 残蚕惭缠禅蝉馋婵攒_{~劲,使劲。又tsan55}　55 惨产铲　412 灿粲颤_{~微微。又san42}

s　13 三叁山珊衫扇_{又san412}　42 颤_{扁担~~神的。又tsʻan412}　55 伞闪陕散_{又san412}　412 赡善汕擅膳疝膻鳝骟扇_{又san13}散_{又san55}

k　13 干_{又kan412}肝甘杆_{电线~。又kan55}竿骭_{~腿子:小腿}□_{强迫,~到我做事}　55 杆_{麻~。又kan13}感敢赶擀　412 干_{又kan13}

kʻ　13 刊堪勘　55 坎砍侃　412 看

x　13 酣憨鼾　42 韩含寒函涵　55 喊罕　412 汉翰汗旱焊撼捍苋

ʐ　42 然燃　55 冉染

ø　13 安氨庵鞍鹌　42 俺　412 按暗案岸黯

ɑŋ

p　13 帮邦浜梆　55 绑榜膀　412 棒磅傍蚌泵

pʻ　13 乓胮_{非常,特别,~臭}　42 旁庞彷　55 膀_{~腿;猪腿}耪_{锄,~地}　412 胖

m　13 □_{猛打}　42 忙芒盲茫　55 莽氓

f　13 方芳双霜□_{~人:折磨人}　42 房防妨　55 访纺爽　412 放

t　13 当又taŋ412 裆铛　55 党挡又t'aŋ42 档　412 荡垱凼当又taŋ13

t'　13 汤淌　42 唐堂糖塘棠膛挡又taŋ55 搪支撑，遮住溏稀，未凝固，~鸡屎　55 躺倘　412 烫趟

l　42 郎狼廊榔啷螂囊　55 朗攘冲撞，刺　412 浪齉~鼻子：因鼻塞而发音不清

ts　13 脏又tsaŋ412 赃张章彰璋漳蟑　55 长又ts'aŋ42 涨掌　412 脏又tsaŋ13 藏西~。又ts'aŋ42, tɕ'iaŋ42 葬帐账仗障丈杖胀

ts'　13 仓舱苍沧娼昌猖　42 长又tsaŋ55 尝常又saŋ42 肠偿嫦藏东躲西~。又tsaŋ412, tɕ'iaŋ42　55 场厂敞褶未扣，未盖，衣裳~到氅大~；大衣　412 唱畅怅

s　13 桑丧又saŋ412 商墒伤　42 常又ts'aŋ42　55 搡嗓裳赏晌　412 丧又saŋ13 上尚

k　13 刚钢冈纲缸肛　42 □烟子~~神的：烟浓密的样子　55 港岗　412 杠

k'　13 康糠慷　42 扛□背驼园藏，盖，把菜~到。又k'aŋ55 嶽高地园扣，~饭。又k'aŋ42　412 抗亢炕烘、烤、烙、煎，~馍馍，暴晒，把田耕了~到；灼热，屋里~人

x　13 夯　42 行又xin42 杭　412 巷项

ʐ　42 壤瓤穰数目小，重量轻，又ʐaŋ55　55 穰稻、麦等的秆，~柴。又ʐaŋ42 嚷　412 让□腻，~人

ø　13 汪又uaŋ13　42 昂又uaŋ42

ui

ts　13 追椎锥　42 贼　55 嘴咀　412 最罪醉坠缀赘

ts'　13 崔催摧吹炊　42 垂锤捶陲槌　55 璀　412 翠脆萃粹

k　13 归规龟闺皈　55 鬼诡　412 贵桂跪柜

k'　13 亏窥盔　42 奎葵逵　55 □用膝盖将棍状物体弄断　412 愧溃

x　13 辉灰挥徽晖恢　42 回茴蛔　55 悔毁海　412 会汇贿烩卉

ʐ　55 蕊　412 瑞锐睿

ø　13 威薇煨偎　42 维卫唯违　55 委伟韦伪苇萎尾又ie55　412 为未位胃味畏

ei

p　13 杯碑悲卑　412 贝背辈被

p'　13 呸披胚　42 培陪裴　55 □出汗多，汗~~神的　412 配佩沛

m　13 霉又mei42 没　42 枚煤眉梅媒玫霉又mei13 脢~子肉　55 美　412 妹昧

f　13 飞非菲妃啡虽尿~脬：膀胱。又liau412　42 肥随遂隋髓谁　55 匪斐绯诽翡水　412 费肺废沸吠疿岁碎穗税睡

t　13 堆　42 逮~住：抓住机会。又tai55　55 □~型：不中看，样子滑稽掉~账：抵消账目　412 队对兑

t'　13 推　42 颓　55 腿　412 退褪蜕

l　13 累勒　42 雷肋擂　55 磊蕾垒儡　412 类泪

ua

ts　13 抓　42 □~土：用镢头掘土　55 爪　412 □~子：手部瘫痪的人

ts'　42 欻~雨：淋雨；雨下得~~神的：雨很大的样子

k　13 瓜呱又kua55　42 刮　55 剐寡呱打~：谈闲话，聊天。又kua13　412 卦褂挂

k'　13 夸挎剥，脱。又k'ua42/k'ua412　42 挎~嘴巴子：掌嘴，又k'ua13/k'ua412　55 垮侉松~：衣服宽松或没有精神的样子　412 跨胯挎把东西挂在肩上或挂在腰里，~包。又k'ua13/k'ua42

x	13 花划~兰花豆，又xua42	42 滑华桦哗猾划~船，又xua13	412 画
ẓ̩	13 挼用双手或手指搓，~了两把衣裳		
ø	13 哇袜蛙挖	42 鸪娃　55 瓦抵昌~水抠~子：一种用木棍，竹竿做支架做成的圆形渔网	412 洼凹

un

ts	55 准
tsʻ	13 春椿　55 蠢
k	55 滚辊磙衮~边；镶边　412 棍
kʻ	13 坤昆鲲　55 捆啃　412 困
x	13 婚昏浑荤　42 魂横又xən13　55 混~涌。又xun412　412 混~子：混混儿。又xun55
ø	13 温　42 文闻纹蚊　55 稳吻　412 问

ən

p	13 奔又pən412□~开：撑开、张开　55 本苯　41 笨奔又pən13 挤拌和不同性状的物品，~黄瓜
pʻ	13 喷~火。又pʻən412　42 盆彭pʻəŋ42 膨又pʻəŋ42 澎又pʻəŋ42　412 喷~香。又pʻən13
m	13 焖懵迷糊，呆傻，老~儿闷~热。又mən412　42 门　412 闷~得慌。又mən13
f	13 分芬纷吩　42 坟汾焚纯醇　55 粉　412 份粪奋愤氛忿顺瞬
t	13 灯登蹬　55 等　412 凳瞪澄邓扽拉、拽
tʻ	42 藤腾疼誊　55 □颠簸　412 □退、褪
l	42 轮伦仑抡囵棱能沦睖　55 冷　412 论愣嫩恁那么、那样，~早
ts	13 增曾真针斟贞侦争征蒸睁铮帧筝诤尊遵谆　55 怎震疹整拯振　412 赠憎镇阵圳赈正证政症挣怔□~清：水中的渣滓沉淀
tsʻ	13 郴撑称瞠村皴抻穇包谷~　42 岑曾层尘陈臣沉晨辰忱成城乘诚呈程乘盛橙丞存鹑唇　55 惩逞涅~子：液体中的沉淀物捵按　412 蹭趁衬磣秤寸
s	13 森僧身深申伸绅参呻娠生声牲升笙甥孙狲　42 神绳　55 沈审婶省损笋　412 肾甚什慎渗胜圣盛剩
k	13 根跟羹更庚耕　55 耿梗埂哽艮整个，完整　412 □(用手)触、拿、够□伤痕
kʻ	13 坑吭　55 肯啃垦恳
x	13 亨哼　42 痕恒衡横又xən42　55 很狠　412 恨
ẓ̩	13 扔仍　42 人任姓~。又ẓ̩ən412　55 忍　412 妊任信~。又ẓ̩ən42 认韧沏潮湿，衣裳有点~
ø	13 恩　412 摁嗯

əu

t	13 都又tu13 兜　55 斗抖陡　412 斗逗痘□接，拼，把两截钢管~起来。
tʻ	13 偷　42 头　55 敨把折叠、扭拧的东西展开　412 透
l	13 搂~草。又ləu55　42 楼□慌张刬~眼；水口，水道　55 搂~抱。又ləu13　412 陋漏
ts	13 邹周舟洲　55 走肘　412 奏揍皱做~事，~作业
tsʻ	13 抽搊从下使劲往上推　42 筹愁仇酬厨~屋。又tsʻu42　55 丑　412 臭
s	13 搜飕收　55 手首守　412 嗽售寿瘦授兽

k　13 沟钩勾佝~腰;猫腰　55 狗苟枸垢~甲;身上的泥垢。又 kəu412　412 购垢牙~;牙菌斑。又 kəu55　构~树,结~

k'　13 抠　42 □盖　55 口　412 扣

x　42 齁气喘,哮喘,~包儿囫用指甲伤人,脸~破了。又 əu13　42 侯候猴　55 吼　412 后厚

ʐ　42 揉柔　412 肉

ø　13 欧区姓~。又 tɕi13 剾剜、挖,~了两节藕。又 xəu13　55 藕呕　412 沤怄生冈气怄冈,~热

əu

p　13 绷~带。又 paŋ55 崩　55 绷~着个脸。又 paŋ13　412 蹦

p'　13 烹怦砰　42 鹏棚蓬彭又 p'ən42 膨又 p'ən42 澎 p'ən42　55 捧　412 碰夆灰、火等腾起的样子

m　13 蒙~人。又 maŋ42　42 蒙~古。又 maŋ13 盟萌槽朦　55 猛蠓　412 梦孟蜢

f　13 疯风丰峰封锋松嵩　42 冯逢　55 讽笀□缩头缩脑,懦弱无能,~头~脑　412 凤奉缝俸送宋颂讼

t　13 东冬咚　42 □~子;深坑　55 董懂　412 洞动冻栋

t'　13 通　42 同铜童筒桐酮彤潼茼~蒿□袖口,袖~子　55 桶捅统　412 痛

l　13 聋　42 龙隆笼农浓胧笼　55 陇拢~场、~跟儿　412 弄

ər

ø　42 儿日又 ʐ̩42　55 耳尔饵　412 二贰

oŋ

ʦ　13 中忠钟盅　55 总肿种又 tsoŋ412　412 重又 ts'oŋ42 种又 tsoŋ55 纵

ʦ'　13 充冲又 tsoŋ412　42 虫重又 tsoŋ412　55 宠□气味重,难闻,~鼻子　412 冲又 tsoŋ13 铳

k　13 公宫工攻龚弓恭躬　42 拱~洞;打洞。又 koŋ55　55 巩~固拱又 koŋ42　412 共贡

k'　13 空又 koŋ412　55 孔　412 控空又 koŋ13 炴加少量水用微火将饭焖熟,~饭

x　13 轰烘□熟了,柿子~了　42 红洪宏鸿　55 哄~娃子;哄小孩。又 xoŋ412　412 哄起~。又 xoŋ55

ø　13 翁嗡□埋,把土豆~起来　412 臃臭,菜坛子腌~气齆因鼻塞而发音不清,~鼻子

iau

p　13 标彪镖膘飚表焱水等短暂的喷射□撒谎　55 表裱婊

p'　13 飘鳔漂~浮。又 p'iau55/p'iau412　42 瓢嫖　55 瞟漂~白。又 p'iau13/p'iau412　412 票漂~亮。p'iau13/p'iau55

m　13 喵瞄盯着。又 miau42　42 瞄~准。又 miau13 苗描　55 秒淼邈渺杪树枝的稍稍,树~子　412 庙

t　13 刁叼雕貂凋碉钓　55 鸟又 liau55　412 掉吊调又 t'iau42

t'　13 挑　42 笤条调又 tiau412 迢姚~子;身材　55 □打~~;裸体　412 跳

l　42 聊辽疗撩僚燎潦嘹獠缭缝,~两针豉细长,细~~的　55 了鸟又 tiau55　412 料廖撂镣尿又 fei13

ʨ　13 交郊教焦胶浇娇椒蕉矫教又 tɕiau412　42 嚼　55 搅饺绞剿　412 叫酵窖轿□安装,把门~上教又 tɕiau13

ʨ'　13 锹悄劁敲跷　42 桥乔瞧侨荞　55 巧　412 翘撬窍俏峭

ɕ　13 肖销消萧宵　42 □~混;无所事事,玩忽职守　55 小晓筱　412 笑效孝啸哮

ø　13 腰邀妖夭幺闄从中间断开,把棍子~断蒦用秤称或用手掂重,用手~一下重量　42 姚摇遥谣窑　55 咬舀　412 要耀裱~子;稻草做的绳~围~子;围裙

iəu

t　13 丢

l　13 妞溜~冰。又 liəu412　42 刘流留瘤硫浏榴生又 iəu42　55 柳绺扭钮　412 遛蹓溜用石灰水泥等抹缝隙，平地面。又 liəu13

tɕ　13 灸揪究纠鸠阄鬏妇女盘在脑后的发髻，~~辫　42 㲉~干：拧干□扭着，不正　55 九酒久韭　412 就救舅旧疚

tɕʻ　13 秋邱丘蚯鵗鸡雏，~鸡子□缩，藏，趴熇升，烟子~到屋顶上去了　42 球求囚㞗二~：不能掌握分寸，性格鲁莽的人　55□讨，要

ɕ　13 休修羞　42 泅~水：游　55 朽　412 秀袖绣锈

ø　13 忧优悠幽攸黝　42 游由理~。又 iəu412 油尤犹油蚰~蜒牛又 liəu42□~子：米糠等里面长的一种小虫　55 有　412 右佑莠柚诱由~子：借口。又 iəu42

ian

p　13 边编鞭鳊　55 贬　412 变遍又 pʻian412 辨辩便方~。又 pʻian42

pʻ　13 偏篇翩　42 便~宜，又 pian412　55 片麻布~儿。又 pʻian412 谝强辩，咬~子嘴儿　412 骗遍又 pian412 片一~。又 pʻian55

m　42 棉眠绵　55 缅勉免腼　412 面

t　13 颠掂癫□~te0：整，要敁手提着或托着物品估计重量，~重巅末端，山峰，树~子　55 点典碘　412 店殿奠淀垫

tʻ　13 天添　42 田甜填　55 舔

l　13 拈~菜：夹菜　42 年粘又 tsan13 连联莲廉帘怜鲢鲇镰臁小腿的两侧，~巴肚子　55 脸捻撵碾　412 链炼恋楝殓

tɕ　13 间监兼煎肩监尖奸捐娟犍~子：雄性黄牛　55 减检剪简碱捡拣俭茧翦卷　412 健键剑渐舰鉴贱圈猪~。又 tɕʻian 13

tɕʻ　13 签牵迁谦铅圈又 tɕian412　42 前乾全权泉拳蜷缩，~腿桊牛鼻~：穿牛鼻子的牛拘　55 浅潜遣犬　412 倩欠嵌劝券

ɕ　13 先鲜仙掀宣喧杴木~：农具名，形状似锹，木质锨铁~：农具名，金属制成，形状似锹　42 涎贤咸嫌闲弦衔玄悬旋又 ɕian412 涎挦~鸡毛：把鸡毛拔干净□割掉，把肉一点点~下来　55 显险癣选　412 县线献现眩旋又 ɕian42 鐓阉割，~鸡子

ø　13 烟研咽淹　42 元圆言严盐炎阎芫饨~子：肉末，面粉，豆腐等掺和搓成的圆形食物　55 眼演掩　412 燕咽艳彦验雁掞撒，~石灰

iaŋ

l　42 娘爹~。又 liaŋ42 量良梁粮凉粱　55 两辆　412 酿量靓晾谅

tɕ　13 江姜浆将又 tɕiaŋ412　42□动弹，挣扎　55 讲蒋　412 降又 ɕiaŋ42 匠犟糨酱将又 tɕiaŋ13

tɕʻ　13 枪腔呛搶磨，涤，~菜刀　42 强墙藏~猫。又 tsaŋ412，tsʻaŋ42　55 抢强　412 呛象像又 ɕiaŋ412

ɕ　13 香箱湘乡镶襄厢　42 祥翔详降又 tɕiaŋ412　55 想享　412 相象像又 tɕʻiaŋ412

ø　13 央秧殃怏　42 杨扬洋烊佯　55 养仰痒　412 样漾

ioŋ

tɕ　42 炯　55 窘炅

tɕʻ 42 穷琼穹

ɕ 13 胸凶兄汹 42 雄熊 55 □~~神的:动作充满挑衅的样子

ø 13 庸 55 永勇涌咏拥 412 用佣

uai

ts 13 □蹲 55 拽~味:享受。又 tsuai412 412 拽~绳子。又 tsuai55

tsʻ 13 猜揣~到。又 tsʻuai55 55 揣~摩。又 tsʻuai13 412 踹膪肥胖而肌肉松弛,肉~~神的

k 13 乖 55 拐厉害,对人不友好 412 怪

kʻ 55 块健壮。又 kʻuai412 412 快刽块又 kʻuai55

x 42 怀淮踝槐 55 □扯 412 坏

ʐ 13 □~给我:硬塞给我

ø 13 歪 42 □走路不稳的样子,走得~~神的 55 崴 412 外

uan

ts 13 专 55 转 412 传水浒~。又 tsʻuan42 撰篆赚

tsʻ 13 川穿 42 船传~奇。又 tsuan412 55 喘~小孩撒娇 412 串

k 13 棺鳏关观冠 55 管馆 412 罐灌惯贯

kʻ 13 宽髋 55 款□携带

x 13 欢 42 环还 55 缓 412 换患唤幻宦

ʐ 55 软

ø 13 弯湾剜豌 42 完玩丸顽 55 晚碗婉腕挽宛绾 412 万

uɑŋ

ts 13 桩装妆庄 55 奘增添光彩,~门面 412 撞壮幢

tsʻ 13 疮窗 42 床 55 闯磢磨、蹭,~破了 412 创

k 13 光胱 42 □不正经,爱开玩笑的人 55 广 412 逛

kʻ 13 匡筐眶框 42 狂 412 矿况

x 13 荒慌 42 黄璜皇簧磺蝗 55 谎恍 412 晃幌劻动物的凝血,血~子

ø 13 汪又ɑŋ13 42 王亡昂又ɑŋ42 55 网往 412 旺望忘妄

参考文献

侯精一(主编).现代汉语方言概论[M].上海:上海教育出版社,2002.

李汛,肖国政.钟祥方言本字考[J].华中师院学报,1984(5):126-129.

覃远雄.方言本字举例[J].方言,2002(1):60-70.

唐作藩.音韵学教程[M].北京:北京大学出版社,2002.

王力.王力古汉语字典[M].北京:中华书局,2000.

许宝华,宫田一郎.汉语方言大辞典[M].北京:中华书局,1999.

赵元任,丁声树,杨时逢,吴宗济,董同龢.湖北方言调查报告[M].上海:商务印书馆,1948.

《东方语言学》征稿启事

一

　　《东方语言学》是由上海师范大学语言研究所主办，上海世纪出版集团（上海教育出版社）出版的学术集刊。本刊创刊于 2006 年，为半年刊，每年 6 月、12 月各出一辑。

　　《东方语言学》主要以东亚语言为研究对象，其宗旨是用语言学的普遍原理来研究语言，并通过由研究这些语言中的特有现象所得到的规律丰富语言学的普遍原理。本刊为东方语言的研究者提供了一块试验田，它不是封闭的，而是面向世界的。希望投稿者就各种学术问题展开讨论与争鸣，提出新材料、新观点、新理论等，进一步推动语言学学科发展。

　　本刊刊登对东亚语言的句法、语音、文字、词汇、语义诸问题进行共时描写和历时探讨的研究性论文，同时也刊登包括汉语方言、中国境内的少数民族语言及其他东亚语言在内的调查报告、长篇语料等，本刊也酌情刊登英文稿和译文稿。欢迎广大语言学研究者踊跃投稿。

　　要求论文投稿符合原创性要求，行文格式和注释体例遵循学术论文规范。

　　投稿信箱：eastling2010@163.com

　　联系电话：021-64322897

　　通讯地址：上海市徐汇区桂林路 100 号　　上海师范大学语言研究所《东方语言学》编辑部

　　邮　　编：200234

二

　　为方便稿件的后续处理，请作者来稿时注意以下几点：

　　1. 研究性论文的篇幅一般控制在 10 000 字以内（若字数超出此范围，请与编辑部联系），语言调查报告可不受篇幅限制。无须提供英文题目、提要、关键词等。

　　2. 投稿时，须提供三份电子文档：文稿 word、pdf 版各一份，以及包含作者姓名、单位、职称、电子邮件、电话、通信地址及邮编等信息的 word 文档一份。无须邮寄打印稿。

　　3. 编辑部在收到稿件后三个月内将告知作者是否采用；若不采用，来稿不再退还。论文一经刊登，国内作者即赠刊物两本，并致稿酬，境外作者赠刊五本。

三

　　1. 稿件若涉及国际音标，请使用 IPAPan New 字体，若涉及特殊字体（如生僻字、古文字等）、图表时，请另作说明。

　　2. 附注请一律使用当页脚注的形式，以带圈①……⑩的方式编号，使用每页重新编号的方式。

3. 引用古书、他人文献等原文时，务请仔细核对，确保无误。

4. 参考文献一律附列于正文后面。

5. 若需列出项目资助、致谢等相关内容，均置于首页底部，并于论文题目后标出星号。

6. 稿件务请按照本刊撰稿格式来编排。格式如下。

论文标题(黑体、三号、居中)

□

□

作者单位□□姓名

□

□

□

□□**内容提要(小 5 号、黑体)**□〔提要正文，小 5 号〕

□□**关键词(小 5 号、黑体)**□〔……　……〕

□

□

1. 一级标题(黑体、四号、居中)

〔正文内容〕

2. 一级标题(黑体、四号、居中)

2.1　二级标题(黑体、小四、顶格)

2.2　二级标题

3. 一级标题(黑体、四号、居中)

3.1　二级标题

3.1.1　三级标题(黑体、五号、顶格)

〔正文内容〕【注意：正文中若需加脚注，请用上标带圈数字表明，编号每页从①开始。正文中需要引用的参考文献出处随文用括号标注，可不采用脚注形式。专著需要列出有关页码，例如"(徐烈炯、刘丹青 1998:54—64)"】

□

□

参考文献(黑体、小四、顶格)

□

徐烈炯.焦点的不同概念及其在汉语中的表现形式[J].现代中国语研究,2001(3).

徐烈炯,刘丹青.话题的结构与功能[C].上海：上海教育出版社,1998.

Bayer, Josef. 1996. Directionality and Logical Form：On the Scope of Focusing Particles And Wh-in-situ. Dordrecht：Kluwer.

Cinque, Guglielmo. 1993. A null theory of phrase and compound stress. Linguistic Inquiry 24：239—298.

Hajičová，Eva，Barbara H. Partee & Petr Sgall. 1998. Topic-Focus Articulation，Tripartite Structures，and Semantic Content. Dordrecht：Kluwer.

Partee，Barbara H. 1999. Focus，quantification，and semantic-pragmatic issues. In Focus：Linguistic，Cognitive，and Computational Perspectives，ed. by Peter Bosch and Rob van der Sandt. 187—212.

Rooth，Mats. 1985. Association with Focus. PhD dissertation. University of Massachusetts. Amherst.

（说明：本刊“参考文献”的编排格式基本按照国际规范，引用各类杂志、会议论文集中的文章等务请尽量给出页码，但正文中引用页码可标可不标。正文中引用文献，如果是书和论文集，一般要注明所引内容的页码。）

图书在版编目（CIP）数据

东方语言学.第二十四辑 /《东方语言学》编委会，
上海师范大学语言研究所主编. — 上海：上海教育出版
社，2022.12
ISBN 978-7-5720-1808-4

Ⅰ.①东… Ⅱ.①东… ②上… Ⅲ.①语言学 – 文集
Ⅳ.①H0-53

中国版本图书馆CIP数据核字(2022)第236237号

责任编辑　徐川山
封面题字　张维佳
封面设计　陆　弦

东方语言学　　第二十四辑
《东方语言学》编委会　上海师范大学语言研究所　主编

出版发行	上海教育出版社有限公司
官　　网	www.seph.com.cn
地　　址	上海市闵行区号景路159弄C座
邮　　编	201101
印　　刷	上海昌鑫龙印务有限公司
开　　本	787 × 1092　1/16　印张 6.5　插页 2
字　　数	160 千字
版　　次	2022年12月第1版
印　　次	2022年12月第1次印刷
书　　号	ISBN 978-7-5720-1808-4/H·0056
定　　价	78.00 元

如发现质量问题，读者可向本社调换　电话：021-64373213